O Código Penal
dos Espíritos

A Justiça do Tribunal da Consciência

CB001029

Solicite nosso catálogo completo, com mais de 350 títulos, onde você encontra as melhores opções do bom livro espírita: literatura infantojuvenil, contos, obras biográficas e de autoajuda, mensagens espirituais, romances, estudos doutrinários, obras básicas de Allan Kardec, e mais os esclarecedores cursos e estudos para aplicação no centro espírita – iniciação, mediunidade, reuniões mediúnicas, oratória, desobsessão, fluidos e passes.

E caso não encontre os nossos livros na livraria de sua preferência, solicite o endereço de nosso distribuidor mais próximo de você.

Edição e distribuição

EDITORA EME
Caixa Postal 1820 – CEP 13360-000 – Capivari-SP
Telefones: (19) 3491-7000 | 3491-5449
Vivo (19) 9 9983-2575 ☺ | Claro (19) 9 9317-2800
vendas@editoraeme.com.br – www.editoraeme.com.br

José Lázaro Boberg

O Código Penal
dos Espíritos

A Justiça do Tribunal da Consciência

Capivari-SP
— 2019 —

© 2007 José Lázaro Boberg

Os direitos autorais desta obra foram cedidos pelo autor para a Editora EME, o que propicia a venda dos livros com preços mais acessíveis e a manutenção de campanhas com preços especiais a Clubes do Livro de todo o Brasil.

A Editora EME mantém o Centro Espírita "Mensagem de Esperança" e patrocina, junto com outras empresas, instituições de atendimento social de Capivari-SP.

8ª reimpressão – maio/2019 – de 12.501 ao 13.500 exemplares

CAPA | Nori Figueiredo
DIAGRAMAÇÃO | Editora EME
REVISÃO | Lídia Bonilha Curi
Celso Martins

Ficha catalográfica

Boberg, José Lázaro, 1942-
    O código penal dos espíritos / José Lázaro Boberg –
8ª reimp. maio 2019 – Capivari, SP : Editora EME.
    216 p.

    1ª edição : abr. 2007
    ISBN 978-85-7353-365-1

    1. Justiça Divina – Espiritismo. 2. Código penal da vida futura.

CDD 133.9

A justiça humana, conquanto respeitável, frequentemente julga os fatos que considera puníveis pelos derradeiros lances de superfície, mas a Justiça Divina observa todas as ocorrências, desde os menores impulsos que lhes deram começo. (Francisco Cândido Xavier, pelo espírito Emmanuel. *Justiça Divina*, p. 185).

****

"Digamos que fizemos algo de errado, prejudicial a alguém. Esta não é uma prova qualificada para o júri celeste. Mas se vimos outra pessoa fazer a mesma coisa e a julgamos, então essa peça de direito por nós julgada passa a valer como julgamento para todas as vezes que agimos de forma semelhante. Somos julgados por nosso próprio julgamento. Se passássemos pela vida afora sem emitir qualquer julgamento, não poderíamos ser julgados de nada. Ao julgar, acrescentamos outros itens pelos quais novos processos podem ser abertos contra nós mesmos." (Nilton Bonder, *Código penal celeste*, p. 50-51).

DEDICATÓRIA

Aos componentes do Grupo de Estudo dos Centros Espíritas "Nosso Lar" e "João Batista", de Jacarezinho-PR, que participam assiduamente de nossos debates e reflexões nas reuniões de sábados e domingos: Eloy, João Maria, Terezinha, Maria Luiza, Marcos, Sônia Marta, MérciaVasconcelos e, em especial, José Aparecido Sanches – o nosso Zezinho – pelas sugestões oportunas e análise das primeiras leituras no livro. Aos amigos companheiros pelo apoio e incentivo no lançamento de nossas obras anteriores.

Sumário

Introdução 11

Prefácio 15

Castigo ou consequências? 21

Felicidade: Sinônimo de perfeição 25

Imperfeição do espírito 29

Por méritos próprios 33

Nem céu, nem inferno... 39

Fazendo mal por omissão 45

Inconveniência do mal 51

Como Deus considera o bem e o mal? 57

Pagar até o último ceitil 63

Origem dos sofrimentos 67

Agravantes ou atenuantes 75

Sem regras absolutas 83

Árbitro de si mesmo 91

Sem pena eterna!... 97

Acreditando na pena eterna 103

Perdão é uma graça? 109

Corrigir logo, é preciso!... 113

Mundos purificadores 121

O progresso do espírito 125

Deus jamais abandona a ninguém 129

Ninguém sofre pelos erros alheios 135

Consequências mais ou menos idênticas.................... 141

Acreditam estar vivos.. 145

Vendo as vítimas do crime 151

Atormentados pela ignorância......................... 157

Suplícios do orgulho.. 163

Reparando faltas já!... 167

A situação no mundo espiritual........................ 173

Cumprindo a Justiça Divina............................. 179

Penas são remédios salutares............................ 183

Somatória das penas... 189

Progresso como lei geral 193

Princípios básicos do código penal dos espíritos 201

Justiça celeste x Justiça humana....................... 207

Referências bibliográficas 211

Introdução

QUANDO KARDEC TROUXE a lume a obra *O Céu e o Inferno*, publicou, simultaneamente, um artigo na *Revista Espírita*, Ano VIII, vol. 8, de agosto de 1865, p. 219, Edicel – *O que ensina o Espiritismo* –, em que destacou, dentre outros, que os conteúdos valiosos ensinados pelo espiritismo: "retificam todas as ideias falsas sobre o futuro da alma, sobre o céu, o inferno, as penas e recompensas; destrói pela irresistível lógica dos fatos, os dogmas das penas eternas e dos demônios; numa palavra, descobre-nos a vida futura mostrada de forma racional e conforme a justiça de Deus."

Fruto da análise madura e da observação acurada nos depoimentos dos espíritos que, através da mediunidade, revelaram a própria situação após a morte do corpo material, o codificador desvendou as leis que regem as diversas ocorrências de além-túmulo. Nesse sentido, elaborou um *ensaio* com trinta e três princípios, inseridos na 1.ª parte, capítulo VII de *O Céu e o Inferno*, a que denominou de **Código penal da vida futura**. Enquanto as leis humanas são elaboradas, conforme a Constituição de cada país, por órgãos próprios denominados de Poder Legislativo, as leis do mundo espiritual, no *ensaio* em questão, nasceram da observação das situações comuns repetidas várias vezes, nas comunicações mediúnicas de espíritos, através de diferentes médiuns, desconhecidos uns dos outros, em cidades diferentes.

Estando as Leis de Deus escritas na *consciência*, conforme ensinaram os espíritos superiores, na questão 621, de *O Livro dos Espíritos* – independente de distinção de qualquer natureza, cor, credo, sexo, nacionalidade etc. – o livro *O Céu e o Inferno* coloca ao alcance de todos o conhecimento do mecanismo pelo qual rege a Justiça Divina, de acordo com o que lecionou Jesus, no princípio universal: "A cada um, segundo as suas obras."

Com todo o respeito ao insigne mestre Allan Kardec – o bom-senso encarnado –, tomamos a liberdade de, ao escrever este livro, denominá-lo de **O código penal dos espíritos – a justiça do tribunal da consciência**. Segundo os pressupostos doutrinários, a irrefutável lógica dos fatos, e, com base nestas leis, entendemos que a Justiça Divina desconhece o conceito estabelecido pelos homens: *de que as faltas cometidas na Terra, só serão apuradas, um dia, no plano espiritual, após a desencarnação*. Pela nossa ótica, o julgamento se dá no plano da *consciência*, sempre em consonância com o despertar do entendimento, e ocorre no foro íntimo de cada criatura, de acordo com o grau de evolução. Independe, portanto, de local especial ou de tempo determinado, para que esta justiça funcione, quer o Espírito esteja no corpo físico quer fora dele, pois cada um é julgado por si mesmo, mediante a consciência de seus erros. No dizer de Emmanuel (*Fonte viva*, lição 160): "Não é preciso atravessar a sombra do túmulo para encontrar a justiça face a face. Nos princípios de causa e efeito, achamo-nos incessantemente sob a orientação dela, em todos os instantes de nossa vida." O que importa é que ela funcione!... O objetivo da Justiça Divina é pedagógico – sem qualquer relação prêmio-castigo – em que as ações *equivocadas* são sempre recursos educativos.

Neste código, enfatizamos, portanto, que a linha direta entre o Criador e a criatura não está no exterior, mas é algo imanente (quer dizer – interno), que se manifesta através da *consciência*. Assim sendo, o julgamento divino não se dá mediante as interações entre os indivíduos, mas no foro íntimo de cada um. É por esta razão que, quando se pratica algo errado contra alguém, a lei humana é acionada para apurar os fatos, inocentando, ou punindo o acusado, conforme o caso. Na Justiça Celeste, a criatura entrará em sintonia com o Criador instalado no tribunal de sua própria consciência, no momento em que, pela maturidade, se despertar para o fato. Nunca haverá condenação pela Justiça Celeste, mas sim, *alertas*, de tal sorte que o *erro* seja sempre entendido como mecanismo de bênçãos de aprendizagem, num processo contínuo de experiências, até à plenitude da perfeição.

Destacamos, ainda, a importância do livre-arbítrio, neste processo evolutivo do espírito, desde sua criação, na condição de *simples e ignorante*, até atingir a condição de pureza. Por ele crescemos e adquirimos experiência, discernimento e compreensão. Mas também a responsabilidade por nossos atos, permitindo-nos que experimentemos as consequências de todos eles. Por esse raciocínio, evidencia-se o equívoco de pretender que Deus *castiga* suas criaturas. O *castigo* não existe em razão do *erro*, pois, sendo legítimo, ele faz parte das regras divinas na aquisição de experiência. O espírito precisa conhecer o *bem* e o *mal*, e esta é uma das razões de sua encarnação. "Embora necessário, o mal não deixa de ser o mal. Essa necessidade desaparece, entretanto, à medida que a alma se depura, passando de uma a outra existência. Então, mais culpado é o homem, quando o pratica, porque melhor o compreende." (Q. 638 de *O Livro dos Espíritos*).

O CÓDIGO PENAL DOS ESPÍRITOS | 13

No decorrer do texto são feitas, ainda, algumas comparações entre o código penal humano e o código penal dos espíritos, tendo sempre por base a justiça do tribunal da consciência. São abordadas, entre outras questões: duração da pena, a prescrição do crime, crime por omissão, ressocialização do apenado, arrependimento etc.

Bem, agora só nos resta, juntos, refletirmos sobre este *código penal dos espíritos*, em que fica claro que a Justiça Divina se faz pelo tribunal da consciência.

José Lázaro Boberg
jlboberg@uol.com.br

Prefácio

O CÓDIGO DE HAMURABI, um dos mais antigos documentos jurídicos conhecidos na história da civilização (2067-2025 a.c.) é uma estrela de diorito negro com 2,25m de altura, 1,60m de circunferência e 2,00m de base, achada na cidade Susa, na Pérsia, que se encontra em exposição no Museu do Louvre, em Paris. Esse valioso documento histórico compunha-se de 282 artigos, que disciplinava praticamente todos os aspectos da vida da sociedade babilônica. O que se ressalta no diorito, em sua parte superior é a gravura em que o deus sol (Chamash), protetor da justiça, entrega as tábuas da lei ao rei Hamurabi.

Uma das particularidades desse monumental documento é retratada no fato das leis serem entregues ao soberano da Babilônia, através do deus sol Chamash, simbolizando o poder divino sobrepondo-se ao poder humano. As leis que disciplinam nossas condutas em sociedade têm origem superior – emanam de um poder absoluto onde predomina a imutabilidade dos princípios. Afinal, nossos hábitos e costumes, que são mutáveis, sempre foram considerados bússola que norteia as normas que disciplinam as relações entre os seres humanos. Por isso, nessa linha de conduta, Hans Kelsen, o notório jurista alemão que elaborou um profundo estudo sobre a norma jurídica, aduzindo, "aquilo que se torna ordenado, prescrito, representa, *prima facie*, uma conduta humana definida."

A vida em sociedade deve ser pautada por condutas definidas, que sejam importantes e necessárias à harmonia social, fundada em três princípios basilares do Direito Romano: *honeste vivere* (viver honestamente), *alterum non laedere* (não prejudicar ninguém) e *suum cuique tribuere* (dê a cada um o que lhe é devido). Cristo, o nosso modelo de conduta na Terra, em Mateus (capítulo XXII, versículos 34 e 40) afirmou: "Amarás ao Senhor teu Deus de todo o teu coração, e de toda a tua alma, e de todo o teu entendimento – Este é o maior e o primeiro mandamento. E o segundo, semelhante a este, é: Amarás o teu próximo como a ti mesmo. Destes dois mandamentos depende toda a lei e os profetas." Todavia, de todos os mandamentos há, certamente, um que se destaca pela sua importância social, fundado na lei de reciprocidade que proclama: "Tudo o que vós quereis que vos façam os homens, fazei-o também vós a eles." (Mateus, cap. VII, v. 12).

José Lázaro Boberg, advogado paranaense, professor emérito de uma das mais conceituadas Faculdades de Direito do Estado do Paraná (Fundação Faculdade Estadual de Direito do Norte Pioneiro) e, atualmente, professor da Faculdade Estácio de Sá de Ourinhos, conhecido divulgador dos princípios da doutrina espírita, se dispôs a escrever sobre o tema: **O código penal dos espíritos – a justiça do tribunal da consciência.**

Somente quem conhece o autor pode afirmar, com segurança absoluta, que se trata de uma obra merecedora dos maiores encômios. Isto porque se trata de conceituado professor de Direito, autor, além do livro, *Lei ordinária e seu processo legislativo* na área jurídica, de vários outros na seara espírita. Dessa forma, o autor conhece a realidade do mundo jurídico. Ademais, sua alma sensível sempre foi capaz de captar e avaliar a dimensão dos conflitos sociais, bem como, os mais diversos embates que ocorrem entre as pessoas, em virtude da diversidade espiritual presente nos seres humanos. Os diversos e intrincados delitos presentes na sociedade contemporânea são, no geral, fruto da imaturidade dos homens que ainda se encontram distantes do primado do amor e do respeito ao próximo.

A partir do primeiro capítulo presente no texto da obra, Boberg começa a tratar do tema "Castigo ou consequências" para, no final do seu livro abordar os "Princípios básicos do código penal dos espíritos", para, entre os referidos temas explicar de forma metodológica e com clareza solar, as diversas situações presentes no código penal dos espíritos. Para tanto, invoca em seus escritos os princípios fundamentais construídos pelo codificador Allan Kardec, que conferiu sustentáculo à doutrina espírita e que, nortearam seu trabalho. Em seus comentários, destaca o primado da consciência como fator de emancipação do homem em seu processo evolutivo. Para esse mister, invoca a questão suscitada por Allan Kardec ao Espírito de Verdade, presente na pergunta número 621 de *O Livro dos Espíritos:* "Onde está escrita a lei de Deus?" Resposta: "Na consciência."

Nessa linha de conduta o autor, através da abordagem dos temas relacionados com o Direito Penal, apresenta soluções coerentes com os ensinamentos doutrinários, bem como, em face da realidade presente no mundo espiritual. Para tanto, vale-se dos ensinamentos vivenciados na sua longa jornada como profissional do direito e, igualmente, daqueles emanados da espiritualidade superior captados por intermédio da sua alma sensível.

Partindo da premissa de que somos prisioneiros de nossa ignorância, sendo, nesse caso, necessário aplicar o preceito mandamental do Cristo no sentido de, "conhecereis a verdade e a verdade vos libertará", o direito penal do espírito, na ótica do autor, se encontra atrelado ao princípio Socrático do "conhece-te a ti mesmo", como fórmula emancipadora do espírito no plano terrestre. Nessa linha de ideias, Boberg leciona no final de sua obra para o seguinte fato: "cada um, no tempo certo, e de maneira própria, acorda para a realidade, e parte para a mudança reabilitadora." Coerente com essa linha de pensamento o filósofo Erich Fromm, em seu livro *Análise do homem*, proclamou: "para que o homem confie em valores, cumpre que conheça a si mesmo e a capacidade de sua natureza para ser bom e produtivo."

Por seu turno, a mentora espiritual Joanna de Ângelis, no texto de seu livro, *O homem integral*, aponta igualmente nessa direção ao elucidar que, "a vida saudável é a que decorre da liberdade consciente, capaz de enfrentar os obstáculos e dificuldades que se apresentam no relacionamento humano e na própria individualidade." A partir dessas premissas, o autor, consciente da realidade do mundo material e espiritual, indica a direção do que entende deva ser o código penal do espírito, no sentido de nortear nossa vida na sociedade humana – sempre voltada para a direção do EU interior. Nossa felicidade, segundo o autor, é uma conquista pessoal e intransferível, fruto dos esforços e dedicação de cada um no plano do processo evolutivo. Para tanto, vale-se ainda, da construção da lógica existente na Justiça Divina, para indicar que o ser humano deve despertar diante de suas responsabilidades. Nossos sofrimentos, não são punições divinas, assinala, senão resultados de nossas condutas errôneas e indevidas no mundo terreno, em virtude do enunciado proclamado pelo Cristo: "A cada um segundo as suas obras."

Portanto, conclui que somos deuses. Restando a cada um, segundo o autor, "construir com sabedoria seu futuro para ficar livre das dores", o que significa conduzir-se com discernimento e conhecimento na direção dos caminhos da verdade e da justiça.

Por tais razões, a obra de José Lázaro Boberg descreve com profundidade um dos temas da atualidade, referente aos castigos e penas ditados pelas leis proclamadas pelos códigos penais dos homens, que não têm sido capaz de reprimir os crimes contra a pessoa, os costumes e o patrimônio na sociedade. Ao contrário, os delitos estão assumindo dimensões inigualáveis no atual momento. Essa triste realidade é consequência da crise de valores que atormentam os seres humanos, nessa etapa do seu processo evolutivo.

A leitura da obra contribuirá para uma melhor elucidação e compreensão da realidade do direito penal no mundo material em face do mundo imaterial. E, para atingir esse objetivo não é necessário que o leitor seja um profissional da área jurídica. Basta apenas que o leitor, como tantos o fazem, questione a dúvida que atormenta nosso espírito: diante de tanta ofensa às leis, por que motivo ainda predomina a impunidade? José Lázaro Boberg, em sua excelente monografia, responderá dentro da lógica divina e

O CÓDIGO PENAL DOS ESPÍRITOS | 19

humana, as razões e os motivos que conduzem as pessoas a cometer delitos, sem que as leis dos homens sejam capazes de constranger os delinquentes – cada vez mais ousados – na prática do ilícito.

CLAYTON REIS

Magistrado aposentado do Tribunal de Justiça do Estado do Paraná.

Doutor e Mestre em Direito pela UFP.

Professor Universitário de Faculdades de Direito.

Claytonreis2003@yahoo.com.br

Castigo ou consequências?

1.º – A alma ou espírito sofre na vida espiritual as consequências de todas as imperfeições que não conseguiu corrigir na vida corporal. O seu estado, feliz ou desgraçado, é inerente ao seu grau de pureza ou impureza.

DE ACORDO COM O QUE ENSINA a doutrina espírita, partindo da *simplicidade* e da *ignorância*, isto é, sem conhecimento, o espírito inicia a sua longa e árdua caminhada, por experiências milenares em busca da perfeição. Dotado do livre-arbítrio, ou seja, da liberdade de escolha, é o espírito o construtor de seu próprio destino. Sem esse livre-arbítrio teríamos que aceitar o destino predeterminado, retirando do ser a responsabilidade dos atos praticados. É bem verdade que, de início, esta liberdade é ainda frágil, dada a imaturidade do espírito em evolução, não discernindo, portanto, com plenitude, a diferença entre o bem e o mal.

As religiões da linha cristã, exceto a doutrina espírita, rechaçam esta ideia da progressividade do espírito, através da lei das *vidas sucessivas*, atendo-se, pura e simplesmente, à doutrina do *céu* e do *inferno*, como a justiça das penas e gozos, após a morte física. O progresso do espírito se daria, segundo essa ótica, tão somente, aqui na Terra, e, pior ainda, em uma única experiência. Daí a criação, por parte dos líderes religiosos das diferentes crenças, de inúmeros artifícios, como penitências, autoflagelações, preces, rituais, liturgias etc., estabelecidos com o objetivo de instrumentalizar o crente de determinadas práticas para incensar Deus e ganhar o *céu*, escapando-se dos sofrimentos do *inferno*.

Assim, diante do descumprimento da legislação interna de cada igreja, ou, pela ignorância das Leis Divinas, criou-se a ideia do *castigo* de Deus. Diante do erro – processo comum e natural de aprendizagem do espírito na evolução –, lá vem Deus vingativo de chibata na mão a castigar Suas pobres criaturas, criadas por Ele mesmo, para que, pelo próprio esforço pessoal aprendam pela prática de seus atos. Na realidade, se Deus assim agisse, estaria contrariando Suas Leis, o que é inadmissível. Lembremo-nos de que Ele criou essa mecânica do progresso da alma, estabelecendo que cada um alcançará a perfeição por si mesmo. A Justiça de Deus encontra-se nas palavras de Jesus: "A cada um segundo as suas obras." Entendem-se, nestas palavras, todas as ideias, as ações, sejam elas boas ou más, que o espírito realiza de acordo com sua vontade.

Diante disso, não existe castigo nas Leis Divinas: As nossas atitudes boas ou más nos acarretam consequências... Como resultado de posturas contrárias à ética e à moral somos levados a *sofrer* as consequências de nossas imperfeições. Se boas, no entanto, ampliaremos o raio de felicidade, não importa onde estejamos, seja no físico seja fora dele. Esclareça-se, todavia, que não se trata de Deus impondo o sofrimento como *castigo*, mas são os próprios mecanismos de Suas Leis, que estão programados para *avisar*, pela dor, na intimidade de cada um, os desvios do roteiro evolutivo.

Assim, após a morte física, o espírito volta à Pátria Espiritual, não para ser condenado pelas suas imperfeições, mas para um balanço relativo entre aquilo que já aprendeu e as imperfeições não corrigidas, na última existência física. Anotemos a esse respeito, de forma análoga, o verdadeiro sentido da aferição da aprendizagem que deve ser aplicada em nossas escolas. Avaliar para verificar não só o que aprendeu, mas, também, o que não foi dominado, no sentido de se refazerem as estratégias, para, num outro momento, ensinar de forma diferente, a fim de que o aluno obtenha sua aprovação. Na espiritualidade, cada espírito continua sofrendo as consequências das imperfeições, de que ainda não conseguiu se despojar. Sua condição de felicidade e infelicidade será sempre diretamente proporcional ao grau de sua depuração ou de suas imperfeições.

No mundo espiritual, segundo nos informam os benfeitores da Humanidade, o espírito ainda imperfeito, começa o trabalho de reorientação nas escolas espirituais, sob a direção de beneméritos instrutores, preparando-se para, oportunamente, retornar, pela reencarnação, às lides terrenas; só assim, através de muitas existências, tem a alma condições de se depurar. Não existe outra forma para entendermos a bondade de Deus, para com os Seus filhos. Os que dizem o contrário pretendem, por má-fé, manter o homem na ignorância. A título de curiosidade, informamos que a *reencarnação* fazia parte do cristianismo primitivo, sendo eliminada por interesse da Igreja que, com intuito de dominação, suprimiu e perseguiu seus defensores. Vale dizer, todavia, que uma Lei Natural não se apaga apenas pelo desejo do poder temporal.

Assim, embora estejamos muito aquém da perfeição na escala evolutiva, jamais devemos nos afastar da luta, fugindo dos problemas que nos estão afetos. Em qualquer lugar em que estejamos estagiando nesta existência, entendamos que é aí mesmo o local ideal escolhido por nós mesmos, ainda na fase preparatória da reencarnação, para a autocorreção de nossas imperfeições. Todos nós, na condição de aprendizes, de certa forma, ao vestirmos o veículo carnal, temos que cumprir determinadas obrigações. Assim – quer seja nos compromissos com a família, nas responsabilidades da vida pública, no campo dos negócios, na luta pelo próprio sustento, aproveitemos a oportunidade de aprender, eliminando gradativamente nossas imperfeições.

Vale a pena ratificar que não temos *castigos* na Legislação Divina, quer no plano físico, quer no plano espiritual, em razão de nossas imperfeições, mas, tão somente, *consequências* de nossas ações! Esta é a primeira lei do código penal dos espíritos, segundo Kardec. Pense nisso!

Felicidade: Sinônimo de perfeição

2.º – A completa felicidade prende-se à perfeição, isto é, à purificação completa do espírito. Toda imperfeição é, por sua vez, causa de sofrimento e de privação de gozo, do mesmo modo que toda perfeição adquirida é fonte de gozo e atenuante de sofrimentos.

NESTA QUESTÃO DO código penal dos espíritos, a Justiça Divina deixa claro que, sendo a felicidade uma conquista pessoal, está ela ligada à nossa incessante busca do progresso espiritual, cuja aquisição não se faz nunca *por procuração*, isto é, outorgando a terceiros aquilo que é trabalho de aprimoramento do próprio ser. É muito comum encontrarmos pessoas que, quase sempre por comodismo, pedem: – "Nas suas orações não esqueça de orar por mim!", entendendo com isso, que sem esforço e vontade pessoal, virá *milagrosamente* a solução para os seus problemas. Ora, as orações ajudam, pois são energias emanadas do pensamento, que alcançam as criaturas, não importando a distância em que se encontram; porém, a mudança só virá pela modificação pessoal. Lembremo-nos, entretanto, que todas as criaturas são potencialmente dotadas de aptidão para desbravar, no devido tempo, *a terra de si mesmas*, eliminando, assim, as pragas devassadoras da alma e progredindo incessantemente, já que somos construtores de nosso destino, mediante a faculdade do livre-arbítrio.

Às vezes, em razão da imaturidade espiritual, inverte-se

a pirâmide dos valores, investindo-se tudo no domínio dos bens materiais, pouco se importando quanto à forma e ao meio de aquisição para a consecução da vitória. O resultado, no final, é ausência de estabilidade emocional, com tristeza, angústia, ansiedade, remorso, afastando-se da paz, que só o domínio espiritual pode nos trazer. Jesus recomendou: "Mas buscai primeiro o reino de Deus e a Sua justiça, e todas estas coisas vos serão acrescentadas."[1]Adverte-nos, com isso, que se estivermos bem, e em harmonia com os valores do espírito, ou seja, alinhados com as Leis divinas, as coisas materiais serão consequências. Quando se está em paz intimamente, as vibrações são positivas e favorecem as conquistas do necessário, do ponto de vista material. O contrário, isto é, o domínio, a todo custo das conquistas materiais, trazem-nos, como já afirmamos, instabilidades emocionais, acarretando angústia, ansiedade e tristeza.

Por isso, para se chegar à *perfeição relativa*[2] e, por consequência, à felicidade suprema, o espírito enfrenta as adversidades próprias da evolução, nas diferentes existências corporais, adquirindo, gradativamente, as experiências do crescimento. Assim sendo, até a chegada ao ponto máximo da perfeição relativa, a felicidade será sempre proporcional ao progresso espiritual alcançado. Noutras palavras: a felicidade terrena é relativa à posição que cada um conquistou no grau da hierarquia evolutiva. Sob esta ótica, "a felicidade dos espíritos é sempre proporcional à sua elevação", afirmam os orientadores em questionamento efetuado por Kardec[3].

---

[1] Mateus, 6:33.
[2] *Perfeição Absoluta* é um dos atributos de Deus. Todos alcançaremos a posição de *perfeição relativa*.
[3] KARDEC, Allan. *O Livro dos Espíritos*. Q. 967.

Compreensível, portanto, que se a imperfeição gera sofrimento, toda perfeição adquirida, por mínima que seja, será fonte de gozo e de atenuantes de sofrimento. Não é isso que a vida nos ensina? Não há momentos em que, pela nossa ação no Bem, sentimos incontida felicidade, irradiando-nos alegria íntima, cuja expressão é claramente percebida nos nossos semblantes? Entendendo bem a força do progresso espiritual, como atenuante de nossos erros cometidos – voluntária ou involuntariamente – que o apóstolo Pedro ensinou: "O amor cobre uma multidão de erros."[4]Assim, se é verdade que toda causa gera um efeito é preciso, por outro lado, entendermos que toda ação no bem atenua os nossos erros.

Analisando a questão do livre-arbítrio, ou seja, a liberdade de escolha de nossas ações, Pastorino ensina que a lei de causa e efeito está presente em todos os momentos da vida e não pode ser modificada por forças externas, dizendo: "... Portanto, aí se encontra a essência última da lei de causa e efeito: o efeito corresponderá à causa que tivermos colocado livremente; mas o efeito não poderá ser modificado por **nenhuma ação ou situação externa (grifamos)**: colocada a causa, com livre-arbítrio, virá o efeito inevitável e exatamente correspondente."[5]

Se nenhuma força externa pode modificar o efeito correspondente à causa colocada em ação, a lógica nos encaminha, no entanto, para aceitarmos que as mudanças internas no comportamento da criatura, pela prática no bem, podem atenuar-nos as faltas acarretadas pela liberdade

---

[4] I Pedro, 4:1.
[5] PASTORINO, Carlos Juliano Torres. *Sabedoria do Evangelho*, volume 2, página 140.

de escolha. Veja bem: não são ações externas, de fora para dentro, mas, sim, as mudanças pessoais. Não aceitar que o crédito adquirido pelas boas ações possa atenuar os nossos débitos, por escolhas erradas, é descrer na lei do progresso!... Daí ensinar Kardec, neste texto, que, "toda perfeição adquirida é fonte de gozo e atenuante de sofrimentos."

Imperfeição do espírito

3.º – Não há uma única imperfeição da alma que não importe funestas e inevitáveis consequências, como não há uma só qualidade boa que não seja fonte de um gozo.

NA MAIOR PARTE DAS VEZES, em razão da imaturidade espiritual, não dimensionamos as consequências que advêm do resultado de nossas ações. Comete-se um erro aqui, outro acolá, e vamos somando, sem percebermos, os débitos que ficam consignados na ficha pessoal íntima da contabilidade da Lei Divina de nossa própria consciência. Isto tudo, no entanto, é sempre proporcional ao estágio evolutivo em que cada um se encontra. Frise-se que, não importa a quantidade das imperfeições da alma, sempre responderemos, pelas consequências. Isto, no entanto, só ocorrerá na medida da compreensão do ato praticado. Nesta ótica ensina Bonder[1]: "Digamos que fizemos algo de errado, prejudicial a alguém. Esta não é uma prova qualificada para o júri celeste. Mas se vimos outra pessoa fazer a mesma coisa e a julgamos, então essa peça de direito por nós julgada passa a valer como julgamento para todas as vezes em que agimos de forma semelhante. Somos julgados por nosso próprio julgamento." Vale dizer que, ao julgar, abrimos o processo contra nós mesmos.

---

[1] BONDER, Nilton. *Código penal celeste*, p. 50-51.

Da mesma sorte, as qualidades boas manifestadas em nosso inter-relacionamento, mesmo que sejam ainda mínimas, trazem resultados, em forma de felicidade. Tudo é registrado nos arquivos imortais da alma a nosso favor. Ao lado de inúmeros males que ainda criamos, pelos desvios da má vontade, nesta, ou nas existências anteriores, fica difícil imaginar as diminutas qualidades positivas, ou seja, "migalhas" de bem de que somos portadores. Apesar de tantas imperfeições que a criatura carrega, tem, também, mesmo ainda pequeninas, condições de laborar no Bem, com o mínimo já conquistado, e que faz parte de seu patrimônio. Não duvidemos de nossas possibilidades mínimas; basta, tão somente, a boa vontade de se colocar em ação esta *boa parte* em benefício do próximo.

Muitos se dizem incapazes de exteriorizar esse mínimo já conquistado, alegando que são "cheios de defeitos", e isto é para aqueles que já alcançaram, aos olhos humanos, determinada evolução espiritual. Trata-se, no entanto, de ledo engano. "Se o servidor fiel caminha para o Senhor, a migalha de suas luzes é imediatamente suprida pelo milagre da multiplicação, de vez que Jesus, considerando a oferta espontânea, abençoar-lhe-á o patrimônio pequenino, permitindo-lhe nutrir verdadeiras multidões de necessitados."[2] De sorte que, sempre que colocamos as nossas possibilidades no bem, mesmo consideradas como *migalhas* diante dos homens, elas frutificarão aos olhos de Deus, e atingirão o objetivo almejado. Deus não espera *santidade* do filho para que este faça o bem; que cada um faça a sua parte de acordo com as suas possibilidades. A soma

---

[2] XAVIER, Francisco Cândido, pelo espírito Emmanuel. *Vinha de luz*. Lição, 91.

do bem realizado representa crédito para abater em nossos débitos. Lembremo-nos de que "Deus não quer a morte do ímpio, mas a sua salvação."[3] Repetindo: sempre haverá a somatória de nossas ações nos arquivos do inconsciente, sejam elas boas ou más. Assim, enquanto o sofrimento é proporcional à soma das imperfeições, a felicidade é consequência das qualidades desenvolvidas. O codificador da doutrina espírita, Allan Kardec,[4] para ensinar esta questão da dosimetria (cálculo) do resultado das ações, quer no mal, quer no bem, sugere-nos o seguinte exemplo:

> "A alma que tem dez imperfeições, por exemplo, sofre mais do que a que tem três ou quatro; e quando dessas dez imperfeições não lhe restar mais que metade ou um quarto, menos sofrerá. De todo extintas, então a alma será perfeitamente feliz. Também na Terra, quem tem muitas moléstias, sofre mais do que quem tenha apenas uma ou nenhuma. Pela mesma razão, a alma que possui dez perfeições, tem mais gozos do que outra menos rica de boas qualidades."

Assim, o *código penal dos espíritos*, à luz da Justiça Divina, não protege nem acusa a ninguém, quer você seja budista, cristão, muçulmano, judeu, ou não esteja vinculado à corrente religiosa nenhuma. Todos são iguais perante Deus. Lembre-se: ninguém adquire passaporte para a felicidade por ser filiado a qualquer crença.

> "Injustiça haveria, sim, na criação de seres privilegiados, mais ou menos favorecidos, fruindo gozos que outros porventura não

---

[3] Ezequiel, 33:11.
[4] KARDEC, Allan. *O Céu e o Inferno*, cap. VII, item 3.

atingem senão pelo trabalho, ou que jamais pudessem atingir. Ao contrário, a justiça divina patenteia-se na igualdade absoluta que preside à criação dos espíritos; todos têm o mesmo ponto de partida e nenhum se distingue em sua formação por melhor aquinhoado; nenhum cuja marcha progressiva se facilite por exceção: os que chegam ao fim têm passado, como quaisquer outros, pelas fases de inferioridade e respectivas provas."[5]

Desta forma, todos os espíritos alcançarão a felicidade plena, pelo fruto do próprio trabalho. É o que prescreve a lei do progresso. O livre-arbítrio permite que o espírito, de acordo com sua vontade, retarde ou apresse o seu adiantamento. Isto é uma decisão pessoal. Uns, por livre e espontânea vontade, avançam decididamente em seu progresso; outros negligenciam as oportunidades da reencarnação e estacionam por longos séculos, permanecendo nas escalas inferiores da evolução. Ser feliz ou infeliz é decisão de cada espírito, pois ele é o arquiteto de seu próprio crescimento. No dizer de Jesus: "A cada um será dado de acordo com suas obras." Mas o importante da Lei Divina é que ninguém será excluído da felicidade. Assim, largue esta ideia de que você não pode mais ser feliz porque cometeu este ou aquele desatino. O errar faz parte do processo de aprendizagem. Logo, tudo é questão de mais ou menos tempo!...

---

[5] KARDEC, Allan. *O Céu e o Inferno*, cap. VII, item 32.

Por méritos próprios

4.º – Em virtude da lei do progresso que dá a toda alma a possibilidade de adquirir o bem que lhe falta, como de despojar-se do que tem de mau, conforme o esforço e a vontade próprios, temos que o futuro é aberto a todas as criaturas. Deus não repudia nenhum de Seus filhos, antes, recebe-os em Seu seio à medida que atingem a perfeição, deixando a cada qual o mérito das suas obras.

DE ACORDO COM A DOUTRINA ESPÍRITA, pela lei do progresso, todos nós estamos destinados a alcançar a plenitude de nossos potenciais, numa caminhada constante de lutas e sacrifícios, nesta, e nas experiências futuras, sem o que permaneceríamos no estágio primitivo. O mal e o bem perfilharão conosco. O primeiro, quando nos desviamos do caminho reto, e o segundo, quando aprendemos com o erro, e nos equilibramos nas Leis Divinas. A meta neste processo evolutivo é procurar adquirir sempre o *bem*, ou seja, ação que nos conduzirá à eliminação das dores, trazendo-nos, por consequência, a felicidade. Sem a prática do amor em relação ao semelhante, não conseguiremos alcançar o *bem que nos falta*. Cada um tratará de construir com sabedoria seu futuro para ficar livre das dores. Estas notícias deixam claro que não há *castigo* de Deus, porque Deus é a Lei. Não pune nem dá prêmios!...

Destaque-se que, à medida que nos despojamos do mal, higienizamos o pensamento, criando condições propícias para que o amor de Deus flua em nossa intimidade, alimentando-nos, na proporção do grau de aperfeiçoamento. Podemos comparar essa força interior, à de uma pedra preciosa que, pela ausência de burilamento não brilha. No entanto, lapidada, com a retirada das impurezas, refulge com toda sua beleza. Assim também ocorre com o homem e sua ligação com Deus. Nesse sentido Jesus, *modelo e guia da Humanidade*, ensinou-nos a procurar Deus – Deus está dentro de vós –, pela eliminação de nossas imperfeições. Lançou mão para isso de parábolas que falavam de *pérola escondida*, *tesouro oculto*, *grão de mostarda*, entre outras comparações. Uma vez encontrada a riqueza em potencial, o homem abandona todo o supérfluo e luta, ardorosamente, para o seu cultivo. Isto quer dizer, as imperfeições impedem-nos o alinhamento com o Criador em nossa intimidade.

Não obstante as diferenças que se denotam em matéria de diversidade do grau de felicidade manifestada pelas criaturas, onde alguns sofrem de privações, desde o nascimento; outros já nascem com todas as condições propiciadoras de felicidade, há de se convir pela Sua justiça, Deus não privilegia a ninguém!... Pelo esforço e vontade próprios, o futuro está aberto a todos; "Deus não faz acepção de pessoas"[1], pois, todas as criaturas recebem o mesmo potencial no instante da *largada*, rumo à felicidade, diferenciando-se na *trajetória* em razão da liberdade de escolha, mas a *chegada* é igual para todos: a perfeição. Ou, como diz Medran: "Iguais na origem, diferentes vistos num dado momento da experiência de cada um, e, ao mesmo tempo, rumando, todos, para idêntico destino de plenitude e

---

[1] Atos, 10:38.

felicidade."[2] Muitas vezes, débitos contraídos em existências anteriores fazem a diferença na vida atual, levando-se, desavisadamente, até a colocar a culpa em Deus, que daria, aleatoriamente, *penas* diferentes às criaturas nos estágios de aprendizagem. Ora, Deus é a *Lei Eterna* e, portanto, por ser um mecanismo de evolução, reafirmamos, não privilegia nem penaliza a ninguém. Somos sempre autores de nossos equívocos ou da nossa felicidade.

Embora ainda se afirme que determinadas pessoas alcançam a salvação pela "graça" de Deus, principalmente nas religiões fundamentalistas, tal informação, pela lógica da doutrina espírita, não procede. Sendo Deus a *Lei*, jamais repudia a nenhum de Seus filhos, não pune nem dá prêmios, pois sempre será uma *força magnética* atraindo a todos; à medida que o espírito atinge a perfeição, usufrui a felicidade relativa ao estágio de adiantamento. Estar em Deus, na verdade, é se alinhar, vibracionalmente, com a *Lei Divina*. Mas essa conquista é independente de crenças, sejam elas quais forem, pois trata-se de mérito de cada um, na realização das obras no bem.

O Mestre, em questão da Justiça Divina, deixou bem claro ao alertar, que *seremos julgados pelas nossas obras*. Ensina Pastorino que "a criatura *receberá de acordo com seu comportamento*. De modo geral lemos nas traduções correntes *de acordo com suas obras*. Mas isso daria muito fortemente a ideia de que o importante seria o que o homem FAZ, quando, na realidade, o que importa é o que o homem É; e a palavra comportamento exprime-o melhor que obras." Não falou em *benesses* pela prática deste ou daquele ritual, ou pela

---

[2]   MOREIRA, Milton Medran. *Direito e justiça*, p. 91.

frequência deste ou daquele culto... "A fé sem obras (sem mudança de comportamento, **acrescentamos**) é morta", no dizer de Tiago[3].

Kardec, sobre essa questão de mérito pessoal na conquista da perfeição, assevera que: "Segundo a doutrina espírita, de acordo com as próprias palavras do Evangelho, com a lógica e a mais rigorosa justiça, o homem é filho de suas obras, durante esta vida e depois da morte; não deve nada ao favor; Deus o recompensa pelos seus esforços, e pune-o pela sua negligência, tão longo tempo quanto seja negligente."[4] Na realidade, Deus não pune; cada um responde pelos desvios, quando em afronta à Lei de Deus.

Como, na verdade, não há castigo nem prêmios nesta Lei, mas sim *consequências*, diremos, por outras palavras, que somos recompensados pelos nossos esforços, e sofreremos as consequências dos desvios – sem punição de Deus – pelo próprio mecanismo da Lei, enquanto perdurar essa negligência. É o que prescreve o item 2, deste *código penal dos espíritos*, já estudado: "Toda imperfeição é, ao mesmo tempo, uma causa de sofrimento e de privação de prazer, do mesmo modo que, toda qualidade adquirida, é uma causa de prazer e de atenuação de sofrimentos."

Analisando a questão da pena pela justiça terrena, Cândido Furtado Maia Neto, em seu magistério, assim orienta: "Todos os códigos penitenciários do mundo estabelecem que o objetivo maior da pena privativa de liberdade é a ressocialização ou a reintegração social do condenado/apenado, visando à reabilitação junto à

---

[3] Tiago 2, 17.
[4] KARDEC, Allan. *O Céu e o Inferno*, cap. VI, item 21.

sociedade *extra murus*, e para alcançar tal desiderato, mister se faz que o sistema de encarceramento humano baseie-se no regime de progressão de cumprimento da sanção restritiva de liberdade, através do senso de responsabilidade do réu e sua capacidade de entender e aceitar o erro cometido permita-lhe a recuperação pessoal e moral."[5]

Pelo Código Divino, nesta caminhada, para se chegar à perfeição, o espírito tem, continuamente, de lutar no combate constante com suas más paixões. Não foi criado perfeito, mas *simples e sem conhecimento*, com possibilidades, de um dia, o ser, para que tenha méritos de suas obras; cairá, assim, fatalmente, inúmeras vezes, pelos caminhos do erro, como consequência de sua ignorância. Seria o caso de se perguntar por que Deus não o fez perfeito, isentando-o do fadário de provas? "Ora, se Deus os houvesse criado perfeitos, nenhum mérito teriam para gozar dos benefícios dessa perfeição. Onde estaria o merecimento sem luta? Demais, a desigualdade entre eles existente é necessária às suas personalidades."[6] Para adquirir experiência, o espírito precisa conhecer o bem e o mal. É o conhecido ditado popular: *Errando que se aprende!* Em nosso mundo "há necessidade do mal para apreciar o bem, da noite para admirar a luz, da doença para valorizar a saúde."[7] Como não existem punições divinas, sempre estaremos aprendendo e melhorando por meio dos nossos erros, e, a cada passo, aproximando-nos mais da sintonia com Deus.

---

[5]   MAIA, Furtado M. Neto; LENCHOFF, Carlos. *Criminalidade, doutrina penal e filosofia espírita*, p. 111.

[6]   KARDEC, Allan. *O Livro dos Espíritos*, Q. 119.

[7]   KARDEC, Allan. *O Evangelho segundo o Espiritismo*, cap. III, item 11.

Nem céu, nem inferno...

5.º – Dependendo o sofrimento da imperfeição, como o gozo da perfeição, a alma traz consigo o próprio castigo ou prêmio, onde quer que se encontre, sem necessidade de lugar circunscrito.

DURANTE MUITO TEMPO, O HOMEM, intuitivamente, acreditou na existência de lugares circunscritos em que seriam levados após a morte, em razão de sua atuação neste mundo, onde seriam premiados com a felicidade, se foram bons, ou castigados, se agiram no mal. Dessa forma, as Igrejas aproveitaram para disseminar a ideia do *céu* e do *inferno*, como locais de permanência das criaturas, de acordo com sua conduta na romagem terrena. Neste sentido, Danilo Carvalho Villela, assevera: "O pensamento cristão, formulado por teólogos e fixado em concílios, adotou uma visão radical de Justiça Divina; alguns deslizes mais sérios conduziriam inapelavelmente o seu autor a castigos terríveis no inferno, por toda a eternidade. Era, na verdade, o reflexo do que ocorria na Terra, no passado, quando os julgamentos eram sumários e implacáveis."[1] Mas, não ficou nisto. Seus dirigentes se arvoraram em arautos na intermediação entre os homens e Deus, como os únicos capazes de conceder a salvação aos *pecadores*.

A doutrina espírita desmistificou essa ideia de *céu* e

---

[1] Editor do Boletim *SEI*, n.º 1965, de 26.11.2005.

inferno, com suas localizações geográficas, "substituindo a ideia de punição por processo de educação"[2], e ensinando-nos que são simples alegorias criadas pelas igrejas dogmáticas cristãs, decorrentes da visão da unicidade de existência e o entendimento da Justiça de Deus em relação ao ser humano. As penas e os gozos são inerentes ao grau de perfeição dos espíritos. Cada criatura é feliz ou infeliz; está no *céu* ou no *inferno*, mas, como estado de *consciência*, sendo de pouca importância onde esteja, quer na Terra quer no mundo espiritual. E como os espíritos se encontram em toda parte, não existe um lugar fechado circunscrito para determinado fim. Pode-se estar no mundo terreno, e estar no *céu*, como estado de felicidade, e no mundo espiritual, no *inferno* de si mesmo, ou vice-versa. Dessa forma, podemos afirmar que trazemos em nós mesmos o nosso *inferno* e o nosso *céu*, independentemente do local em que estejamos.

Com respeito a essa ideia de localização fixa, para o céu e o inferno, Jesus nos ensinou claramente que o *reino de Deus está dentro de nós*. E acrescentamos nós, o *inferno* também, dependendo da condição em que nos encontramos em desarmonia com a Lei do Criador, temporariamente. *Temporariamente* porque todos os seres gravitam rumo à perfeição divina, na medida em que sintonizam com o reino de Deus, em si mesmos. Como não existe inferioridade eterna – o *inferno* é estado íntimo de cada um – ou seja, carência pela falta de autoconhecimento. Com o tempo, as imperfeições serão eliminadas; com isso, o hálito divino espraiará em nossa intimidade; assim, pela vontade, encontraremos a paz divina em nossos corações...

---

[2]   VILLELA, Danillo Carvalho, no mesmo Boletim.

Se hoje espelhamos na face tristezas e angústias, em razão dos excessos cometidos por deslizes de conduta, certamente estes desequilíbrios serão temporários, pois, a Lei Divina tem os mecanismos para nos atrair, como *filho pródigo* rumo à sua ordem celeste, porque afinal "Somos herdeiros de Deus e co-herdeiros do Cristo", como afirma Paulo[3]. Deus jamais nos abandona, por mais que estejamos separados momentaneamente de Seu amor. Não percamos a fé, diante das sombras do mundo, mesmo que estejamos cansados, sofrendo as piores provações. Tudo passa, pois "não somos fantasmas de penas eternas e sim herdeiros da glória celestial, não obstante nossas antigas imperfeições. O imperativo da felicidade, porém, exige que nos eduquemos, convenientemente, habilitando-nos à posse imorredoura da herança divina."[4]

A lenda abaixo expressa, de forma didática, a ideia de *céu* e *inferno*, como algo que se manifesta na intimidade de cada um, sem a necessidade de se prender a lugar circunscrito de felicidade ou de sofrimento.[5]

> Conta-se, que um dia um, **samurai**, grande e forte, conhecido pela sua índole violenta, foi procurar um sábio monge em busca de respostas para suas dúvidas.
>
> – Monge – disse o **samurai** com desejo sincero de aprender – ensina-me sobre o **céu** e o **inferno**.
>
> O monge, de pequena estatura e muito franzino, olhou para o bravo guerreiro e, simulando desprezo, lhe disse:
>
> – Eu não poderia ensinar-lhe coisa alguma, você está imundo. Seu mau cheiro é insuportável. Ademais, a lâmina de sua

---

[3]   Romanos, 8:17.
[4]   XAVIER, Francisco Cândido, pelo espírito Emmanuel. *Vinha de luz*, lição 120.
[5]   Site: www.momento.com.br

espada está enferrujada. Você é uma vergonha para a sua classe

O **samurai** ficou enfurecido. O sangue lhe subiu ao rosto e ele não conseguiu dizer nenhuma palavra, tamanha era sua raiva. Empunhou a espada, ergueu-a sobre a cabeça e se preparou para decapitar o monge.

– Aí começa o inferno, – disse-lhe o sábio mansamente.

O **samurai** ficou imóvel. A sabedoria daquele pequeno homem o impressionara. Afinal, arriscou a própria vida para lhe ensinar sobre o inferno.

O bravo guerreiro abaixou lentamente a espada e agradeceu ao monge pelo valioso ensinamento.

O velho sábio continuou em silêncio.

Passado algum tempo o **samurai**, já com a intimidade pacificada, pediu humildemente ao monge que lhe perdoasse o gesto infeliz.

Percebendo que seu pedido era sincero, o monge lhe falou:

– Aí começa o **céu**.

Para nós, resta a importante lição sobre o céu e o inferno que podemos construir na própria intimidade.

Tanto o céu como o inferno, são estados de alma que nós próprios elegemos no nosso dia a dia.

A cada instante somos convidados a tomar decisões que definirão o início do céu ou o início do inferno.

É como se fôssemos portadores de uma caixa invisível, onde houvesse ferramentas e materiais de primeiros socorros.

Diante de uma situação inesperada, podemos abri-la e lançar mão de qualquer objeto de seu interior.

Assim, quando alguém nos **ofende**, podemos usar o martelo da ira ou usar o bálsamo da tolerância.

Visitados pela **calúnia**, podemos usar o machado do revide ou a gaze da autoconfiança.

Quando a **injúria** bater em nossa porta, podemos usar o aguilhão da vingança ou o óleo do perdão.

Diante da **enfermidade inesperada**, podemos lançar mão do aço dissolvente da revolta ou empunhar o escudo da confiança.

Ante a **partida de um ente caro**, nos braços da morte

invisível, podemos optar pelo punhal do desespero ou pela chave da resignação.

Enfim, surpreendidos **pelas mais diversas e infelizes situações**, poderemos sempre optar por abrir abismos de incompreensão ou estender a ponte do diálogo que nos possibilite uma situação feliz.

A decisão depende sempre de nós mesmos.

Somente de nossa vontade dependerá o nosso estado íntimo.

Portanto, **criar céus ou infernos portas adentro da nossa alma**, é algo que ninguém poderá fazer por nós...

Se você gosta de música erudita e ouve jovens alegres na guitarra e na banda tocando uma sinfonia de metais pesados – você, entre aquele alarido se sente no *inferno*! E eles, é claro, no *céu*!

Ao contrário, caso estejam no Teatro Scala, de Milão, e ouçam os acordes da Nona Sinfonia de Beethoven, eles se sentirão no *inferno* e você se deleitará num *céu*!

Cremos que a coisa corre por aí. Um ao lado do outro no físico, e distante no emocional estado d'alma. Tanto que podemos extrapolar para aqui o ensinamento de Jesus ao afirmar "haver muitas moradas na Casa do Pai."[6]

É assim que cada um, de acordo com suas reações diante da vida, pode manifestar o seu *céu* ou seu *inferno*, que são expressões externas daquilo que cultivamos na intimidade.

---

[6] João, 14:1-3.

Fazendo mal por omissão

6.º – O bem e o mal que fazemos decorrem das qualidades que possuímos. Não fazer o bem quando podemos, é, portanto, o resultado de uma imperfeição. Se toda imperfeição é fonte de sofrimento, o espírito deve sofrer não somente pelo mal que fez como pelo bem que deixou de fazer na vida terrestre.

PELA AÇÃO OU PELA OMISSÃO podemos cometer delitos contra o nosso semelhante. Quando fazemos o mal deliberadamente, estamos complicando a nossa situação, pois esta ação que, por vontade própria, prejudica a outrem é sinônimo de imperfeição da alma. Mas existe uma outra forma de imperfeição com que nem sempre nos preocupamos, pois, aparentemente, não se está fazendo mal algum. É o mal que surge pela consequência da omissão. "Fazer o bem é imperativo da lei divina, e deixar de fazer ou omitir do dever de ofício, para o direito penal, caracteriza delito de prevaricação (Art. 319 CP); de outro lado, vigora o princípio da obrigatoriedade da ação penal pública, isto é, de processar e ou executar a sanção imposta, ante o devido, necessário e justo processo legal."[1]

Assim, se eu vir na rua, na calçada escorregadia as cascas de banana ou cacos de vidro aí deixados por alguém mal-

---

[1] MAIA, Furtado M. Neto; LENCHOFF, Carlos. *Criminalidade, doutrina penal e filosofia espírita*, p. 112.

-educado em termos de cidadania e de higiene, e não puser aqueles detritos num ponto onde não ofereçam prejuízos a um distraído transeunte, caso alguém sofra ali um acidente nos pés ou nas pernas, a lei moral vai cobrar de mim por esta omissão na prática de uma ligeira ação no bem! Quantas vezes ouvimos as pessoas dizerem que estão em paz, porque não fazem mal algum aos seus semelhantes e, por essa razão, estão quites com Deus. No entanto, o *código penal dos espíritos* prescreve que não basta, pela *ação*, não se fazer o mal, pois, também, comete-se o mal pela *inação*. Isto quer dizer, que as consequências que ocorrerem na omissão, cruzando-se os braços, quando tínhamos possibilidades de fazer o bem e não o fizemos, são de nossa responsabilidade; estamos, por isso, cometendo delito contra a lei maior. Ressalte-se, todavia, que esta responsabilidade está diretamente correlacionada com o nosso grau de autoconhecimento.

Veja que, pela ótica da Justiça Divina, o compromisso de cada criatura é maior do que o homem comum entende. A indolência e a ociosidade em relação aos semelhantes demonstram paralisia da alma, no sono, que Paulo alertou: "Desperta, tu que dormes!"[2] Dormir, diante da vida, é estar ausente do dever, ato que todos devemos compartilhar, num processo necessário para a evolução pessoal. Pode-se até demonstrar insensibilidade, continuando-se alheio às necessidades do próximo; no entanto deixamos, com isso, naquele momento, a oportunidade concedida pela Vida de avançarmos pelos caminhos do bem, eliminando, naquele estágio, um grau de nossa imperfeição. Atentemos para o

---

[2] Efésios, 5:14.

ensino dos embaixadores sublimes a Kardec, que um dos objetivos da encarnação, além do aperfeiçoamento, "é a de pôr o Espírito em condições de enfrentar a sua parte na obra da criação."[3] Neste sentido, omitir é desertar do compromisso de fazer a nossa parte no desenvolvimento de um mundo melhor e mais justo.

Ensina Kardec que: Toda imperfeição, e as faltas dela nascidas – por ação ou por omissão – embute a própria consequência em condições naturais e inevitáveis. Assim, como toda doença é uma punição contra os excessos, como da ociosidade nasce o tédio, não é necessária uma condenação especial para cada falta ou para cada pessoa em particular. Quando segue a lei o homem pode livrar-se dos problemas pela sua vontade. Logo, pode também anular os males praticados e conseguir a felicidade.

Os espíritos superiores nos advertem que a escalada para o aperfeiçoamento deve ser objetiva e segura. Dizem que o bem e o mal são consequências do estágio evolutivo em que nos encontramos. Não praticar o bem, quando temos condições, é sintoma de imperfeição da alma. Isto quer dizer que não basta ao homem não fazer o mal. É preciso fazer o bem, sempre. Ensinam, também, os mentores espirituais que não é suficiente que o homem se *arrependa* do mal que fez, embora seja o primeiro e importante passo; são necessárias a *expiação* e a *reparação*. É o caso da criatura que, diante de ato reprovável de conduta, chora de tristeza e se fecha dentro de si mesmo. Ora, para demonstrar grandeza d'alma é preciso procurar o ofendido e com ele reparar o dano causado. É essa a recomendação de Jesus, quando expressa: "Portanto,

---

[3] KARDEC, Allan. *O Livro dos Espíritos*, Q. 132.

se trouxeres a tua oferta ao altar, e aí lembrares de que teu irmão tem alguma coisa contra ti, deixa diante do altar a tua oferta, vai primeiro reconciliar com o teu irmão; depois, vem, e apresenta a tua oferta."[4]

Bem sabemos, todavia, que essa tomada de consciência, vai depender da maturidade espiritual em que cada um se encontra. Muitas vezes, temos certas atitudes que, na realidade, não gostaríamos de ter. E logo sobrevém um sentimento de culpa com o aguilhão da angústia, perguntamos, então, a nós mesmos: "Por que ajo assim? Quero fazer o bem, e, quantas vezes faço, imprevidentemente, o mal. Essa atitude é comum em todas as criaturas no processo de aprendizagem da alma. Veja o caso de Paulo, o vaso escolhido por Jesus, na missão de levar aos gentios a mensagem da Boa-Nova, extravasa diante da luta renovatória que travava consigo mesmo: "Eu sei que em mim, isto é, em minha carne, não mora bem algum, porque o querer o bem está em mim, porém não faço. Porque não faço o bem que quero, mas o mal que não quero, esse faço."[5] É claro que esta atitude é passageira, e demanda muita luta, pelos caminhos das inúmeras existências; chegará, no entanto, o dia, quando atingirmos a condição de Espíritos Puros, em que só faremos o bem, e, ainda mais, espontaneamente.

Os persas admitiam a existência de dois deuses: *Ormud* (deus do bem) e *Arimã* (deus do mal) em permanente disputa, finalizando pela vitória final do bem! Ainda bem! Já os hindus, lá na velha China, de Confúcio, alegavam: Ontem, à noite, conversando com o meu travesseiro tantas coisas boas prometi realizar; mas... qual! No dia seguinte voltava ao

---

[4] Mateus, 5:24-25.
[5] Romanos, 7:18-20.

hábito antigo de prática do mal. Talvez por isto mesmo que o poeta patrício Olavo Bilac elaborou um formoso soneto, no qual proclamava: "Não és um anjo tampouco um demônio. Tu és apenas um triste e um ser humano."

Conta-se que Allan Kardec, quando reunia os textos para a elaboração de *O Livro dos Espíritos*, recolheu-se ao seu leito impressionado com um sonho, de Lutero, com que tomara contato; acalentava o grande reformador a convicção de que estivera no paraíso, onde colhera informe sobre a felicidade celestial.

Durante o repouso, comovido, vê-se fora do corpo físico em desdobramento. É transportado por um enviado de Planos Sublimes para uma região nevoenta, onde gemiam milhares de entidades em sofrimento estarrecedor. Soluços de aflição casavam-se a gritos de cólera, blasfêmia seguiam-se a gargalhadas de loucura.

Diante de tanto sofrimento, Kardec, alma sensível, relembra aqueles que, de certa forma, fizeram mal à humanidade. Questiona, então, ao guia espiritual que lhe assessorava, nessa viagem, sucessivamente, sobre quem seriam aqueles sofredores: os tiranos da história? Os imperadores romanos? Os algozes dos cristãos nos séculos primitivos do Evangelho? Os grandes conquistadores da Antiguidade, Átila, Aníbal, Alarico, Gengis Khan...?

No entanto, informou o solícito acompanhante:

– Na realidade, estes sofredores citados desconheciam, na essência o mal que praticavam; não tinham a mínima noção de espiritualidade. Todos, pelo amor eterno do Pai, foram amparados e receberam as bênçãos da reencarnação, entrando nas lides expiatórias, conforme os débitos contraídos.

– Então, dize-me, – rogou Kardec, emocionado – que sofredores são estes, cujos gemidos e imprecações me cortam a alma?

O orientador respondeu, imperturbável:

– "Temos, junto de nós, os que estavam no mundo plenamente

educados quanto aos imperativos do Bem e da Verdade, e que fugiram deliberadamente da Verdade e do Bem, **por omissão, (acrescentamos)**, especialmente os cristãos infiéis de todas as épocas, perfeitos conhecedores da lição e do exemplo do Cristo e que se entregaram ao mal, por livre vontade... Para eles, um novo berço na Terra é sempre mais difícil..."

Conta-se que após essa visita é que Kardec formulou a questão 642, de *O Livro dos Espíritos*: **Para agradar a Deus e assegurar a sua posição futura, bastará que o homem não pratique o mal?** Indagação esta a que os espíritos responderam: – *Não; cumpre-lhe fazer o bem no limite de suas forças, porquanto responderá por todo mal que haja resultado de não haver praticado o bem.*[6]

Eis aí um caso que dá para se pensar! Será que nós, que somos tão favorecidos pela fé raciocinada da doutrina espírita, não estamos sendo *omissos* na prática do bem, no limite de nossas forças? Medite nisso!

---

[6] XAVIER, Francisco Cândido, pelo espírito Irmão X. *Cartas e crônicas*, Resumo do texto 7.

Inconveniência do mal

7.º – O espírito sofre pelo mal que fez, de maneira que, sendo a sua atenção constantemente dirigida para as consequências desse mal, melhor compreende os seus inconvenientes e trata de corrigir-se.

A PRÁTICA DO MAL LEVA O SER, em contínua evolução, a repensar sua ação, pois esse mal gera sempre desconforto quando o praticamos e, em razão de suas consequências, somos convencidos a retornar ao equilíbrio com as Leis Divinas, procurando, assim, corrigir os nossos equívocos. Essa busca do reajuste é algo que ocorre sempre, por força da própria Lei que dispara o gatilho de *alerta*, toda vez que entramos em *choque* com a Ordem Eterna, pois afinal: "O mal, em qualquer circunstância, é desarmonia à frente da Lei e todo desequilíbrio redunda em dificuldade e sofrimento", segundo ensina Emmanuel, pela mediunidade de Chico Xavier, em *Fonte viva*, lição 176.

Daí o conselho do Mestre para que nos esforcemos em entrar pela *porta estreita*, onde é apertado o caminho; vencendo, todavia, nos conduziremos à vida, e são poucos os que a encontram, de imediato, pois, necessita-se de muito trabalho e de vontade firme na correção das imperfeições, para sua ultrapassagem. Já na *porta larga* o caminho é espaçoso e, em função da carência das mais rudimentares leis que regem o universo moral, o ser prefere essa entrada; no entanto, esta liberdade total é como se fora um *carro sem freio*, razão pela qual a grande maioria prefere passar por ela. Trata-se, contudo, de apenas uma fase de aprendizagem, tal como aquela quando nos matriculamos nas séries iniciais de ensino. Podemos classificar o ser humano na longa trajetória, desde o despertar do Espírito, da *simplicidade e da ignorância*, com o livre-arbítrio ainda frágil, dando os primeiros passos – tal como o desenvolvimento da criança – sem vontade própria e sem consciência perfeita de sua existência, passando, gradualmente, por vários graus, até alcançar a condição de pureza, em três categorias, segundo a classificação de Rohden, Pastorino e outros pensadores: os *profanos*, os *virtuosos* e os *iniciados*.

Profanos, literalmente, são aqueles que estão defronte do templo, mas não entram. Não se despertaram ainda para as verdades espirituais, sem com isso, serem tachados de "materialistas". Estão alheios ao desejo de entrar pela chamada *porta estreita*. É questão de maturidade, de que só o tempo se encarrega. Não há pessoas, mesmo em nossa vida de relação, que ouvem com desdém quando são convidados a participar de uma palestra de cunho espiritual ou de um culto? Pouco estão se importando, se a porta é larga ou estreita, agem de acordo com o que são, pois ainda estão distantes do entendimento espiritual. Chegará o dia, porém, em que haverá o *insight*, cada um a seu tempo, dessa compreensão por si mesma, como aconteceu com o personagem da parábola do filho pródigo, quando *caiu em si*. Dirá ele, neste momento: Como eu não tinha entendido isto antes? Quantos males eu teria evitado! Deus nunca viola o livre-arbítrio da criatura, aguarda sempre o seu *despertar*. Isto quer dizer, por outras palavras, que: "o *quando* fica sempre a critério da maturidade de cada um."

52 | José Lázaro Boberg

A segunda categoria relaciona-se com os chamados de *virtuosos*, constituindo-se dos espiritualistas que travam constantemente a luta consigo mesmo. Conhecem *teoricamente* os princípios do bem, mas lutam arduamente, sacrificando a própria vontade, para não cair no mal. Aí está classificada a grande maioria, onde, obviamente, estamos todos enquadrados. Desejamos e sabemos que a *porta estreita* é a passagem que nos conduz ao crescimento, no entanto, estamos, ainda, às escondidas, passando constantemente pela *porta larga*. Do ponto de vista evolutivo, enquanto ainda não fazemos o bem "espontaneamente", ou seja, precisamos "fazer força" para não errarmos, ainda não atingimos a evolução plena. Por isso somos apenas *virtuosos*, isto é, lutamos para não nos desviarmos da retidão. Um descuido, e pronto, lá estamos nos lamentando pela falha!... Não furtar, embora tenha desejo de fazê-lo; não cobiçar a mulher do próximo, mas, no fundo desejando, se houver oportunidade; *frequentar*, uma casa religiosa, sem, todavia, quaisquer mudanças íntimas comportamentais no inter-relacionamento social etc... São exemplos que nos mostram, que se consideram *virtuosas*, as criaturas que assim agem; ainda lutam para adquirir bons hábitos, exercitando, sempre, com muito conflito consigo mesmas; enfrentam, ainda, a força de sua inferioridade, interferindo no processo evolutivo. É sob esse entendimento, referido na lição anterior, que Paulo – o apóstolo dos gentios – numa verdadeira batalha íntima entre o bem o mal, se expressou, em certa ocasião: "Porque não faço o bem que quero, mas o mal que não quero, esse faço."[1]

---

[1] Romanos, 7:18-20.

Na terceira classificação encontramos os *iniciados*, que são aqueles que já, efetivamente, passaram pela *porta estreita*. Fazem o bem espontaneamente. São bons, sem saberem que o são! Não precisam *fazer força* alguma ou lutar consigo mesmo; são, o que são, porque atingiram patamar evolutivo acima dos comuns. São os espíritos superiores. Quem são eles? Jesus afirma "que poucos são os que passam pela porta estreita." Poderíamos citar, entre outros, segundo nosso entendimento, espíritos da faixa de Chico Xavier, Madre Teresa de Calcutá. Gandhi, Luther King, Irmã Dulce. A lógica nos encaminha para a conclusão de que esses espíritos jamais teriam alcançado esta condição, senão pelos próprios esforços e, em inúmeras experiências reencarnatórias. Atingir a plenitude de pureza, como ensina as doutrinas baseadas na unicidade de existência – é pura fantasia! Convém que seja lida e meditada a mensagem que Kardec escreveu em *O Evangelho segundo o Espiritismo*, ao analisar a questão do "pecar pelo pensamento."[2]

Assim é que, sempre que o espírito tem a sua atenção constantemente dirigida para as consequências desse mal, melhor compreende os seus inconvenientes e trata de se corrigir. A correção é fundamental, pois de pouco adiantaria o arrependimento do mal praticado, se não se buscassem alternativas de refazimento do caminho. Quanto mais a demora, mais a angústia consome por meio do remorso, o estado emocional da criatura, na faixa que lhe é própria, chegando, em certos casos, a até acarretar doenças de difícil diagnóstico e caríssimo tratamento. "É que as enfermidades

---

[2] KARDEC, Allan. Cap. VIII, itens 5 a 7.

do espírito atormentam as forças das criaturas, em processos de corrosão inacessíveis à diagnose terrestre."[3] Elucidativa do ponto de vista de educação e evolução, é a comunicação dada pelo espírito *Claire*, que manifesta sobre seu despertar e o entendimento do mal no roteiro da vida[4]. Diz a entidade espiritual, após várias comunicações, e em tempos diversos:

> "Estou mais calma e resignada à expiação das minhas faltas. O mal não está fora de mim, reside em mim, devendo ser eu que me transforme e não as coisas exteriores.
>
> Em nós e conosco trazemos o céu e o inferno; as nossas faltas, gravadas na consciência, são lidas correntemente no dia da ressurreição. E uma vez que o estado da alma nos abate ou eleva, somos nós os juízes de nós mesmos. Explico-me: um espírito impuro e sobrecarregado de culpas não pode conceber nem anelar uma elevação que lhe seria insuportável. Assim como as diferentes espécies de seres vivem, cada qual, na esfera que lhes é própria, assim os espíritos, segundo o grau de adiantamento, movem-se no meio adequado às suas faculdades e não concebem outro senão quando o progresso (instrumento da lenta transformação das almas) lhes subtrai as baixas tendências, despojando-os da crisálida do pecado, a fim de que possam adejar antes de se lançarem, rápidos quais flechas, para o fim único e almejado – Deus! Ah! rastejo ainda, mas não odeio mais, e concebo a indizível felicidade do amor divino. Orai, pois, sempre por mim, que espero e aguardo".

Analisando a mensagem, dela extraímos uma série de conceitos que mostram bem como é o amor da Justiça de

---

[3] XAVIER, Francisco Cândido, pelo espírito Emmanuel. *Justiça Divina*, cap.VII, item 7.

[4] KARDEC, Allan, *O Céu e o Inferno*, cap. IV, item 6.

Deus para com as criaturas. Nada de *preferências*, mas da ação e reação as nossas atitudes.

1. O mal não está no exterior, mas em cada um de nós mesmos, e a transformação deve ser feita pela própria criatura.

2. Trazemos em nós mesmos o *céu* e o *inferno*, pelo estado de nossa própria consciência.

3. Não temos como esconder no mundo espiritual o que somos, pois, o perispírito nos expõe no dia da ressurreição, isto é, no despertar, após a desencarnação.

4. Somos juízes de nós mesmos pelo estado de consciência.

5. No mundo espiritual o espírito, pelo seu próprio progresso, não pode pleitear níveis de elevação que ainda não conquistou, o que seria insuportável.

6. Cada espírito, de acordo com seu adiantamento, estará junto com os outros de sua faixa vibracional.

7. Só com o progresso que será sempre individual – instrumento da lenta transformação das almas – eliminam-se as baixas tendências do espírito, despojando-os dos erros e, eclodindo o bem, por força de atração do EU Interior.

8. Este é o objetivo de todo espírito no seu processo de crescimento: eliminar o mal, alinhando-se com Deus na intimidade!

Diante de princípios tão lógicos como esses, mais somos despertados para nossas responsabilidades diante da Justiça Divina!

Como Deus considera o bem e o mal?

8.º – Sendo infinita a justiça de Deus, o bem e o mal são rigorosamente considerados, não havendo uma só ação, um só pensamento mau que não tenha consequências fatais, como não há uma única ação meritória, um só bom movimento da alma que se perca, mesmo para os mais perversos, por isso que constituem tais ações um começo de progresso.

O BEM É O ÚNICO CAMINHO que conduz os homens inexoravelmente à perfeição. Sua busca deve, portanto, ser incessante. A conquista deste alvo na edificação, pelos longos caminhos da evolução, será forçosamente um trabalho da própria criatura. Aliás, o objetivo de toda a Humanidade é gravitar para a Unidade Divina. Sendo a lei cósmica a justiça infinita do amor de Deus, é sempre igual para todos. Neste sentido, um só pensamento emanado pela criatura, já identifica as suas condições espirituais. Se praticarmos o mal, teremos as consequências correspondentes ao potencial de sua força, *no limite de nosso entendimento*.

Kardec,[1] em *O Evangelho segundo o Espiritismo*, ensina sobre os *pecados por pensamentos*. E para ilustrar essa posição, o codificador busca em Mateus, o texto em que Jesus alerta aos seus discípulos: Aprendestes que foi dito aos antigos: "Não cometerás adultério. Eu, porém, vos digo que aquele

---

[1] KARDEC, Allan. *O Evangelho segundo o Espiritismo*, cap. V, item 5

que houver olhado uma mulher, com intenção impura, **no coração, (destacamos)** já cometeu adultério com ela."[2] Para compreendermos o *pecado por pensamento* precisamos dar uma extensão maior ao emprego da palavra *adultério*, não se prendendo apenas ao sentido próprio como, normalmente, é utilizada. Jesus empregou, em várias passagens, a palavra adultério para designar o mal, o pecado e qualquer pensamento mau. Nesta passagem: "Porquanto, se alguém se envergonhar de mim e das minhas palavras, dentre esta raça **adúltera (grifamos)** e pecadora, o Filho do Homem também se envergonhará dele, quando vier acompanhado dos santos anjos, na glória de seu Pai"[3], fica exemplificado um outro sentido da palavra *adultério*.

Perante a Justiça Divina, tanto o bem, quanto o mal são rigorosamente considerados, não havendo uma só ação, omissão ou, ainda, um só pensamento que não tragam consequências ao infrator. Isto quer dizer que podemos, consciente ou inconscientemente, pecar (errar), *por ação* (agindo), *por omissão* (quando deixamos de agir) e, ainda, só *por pensamentos*. Na realidade, quando temos o coração puro, não alimentamos o pensamento no mal. É nesse sentido que Jesus nos alerta que, quando "manifestamos intenção impura no coração", – aqui, **coração** está no sentido de **pensamento** – já se comete adultério, ou seja, o pecado (erro), apenas por pensamento, que é sinal de impureza.

Na sequência do raciocínio, Kardec questiona: Sofrem-se as consequências de um pensamento mau, embora nenhum efeito produza? Ao que ensina:

---

[2]   Mateus, cap. V, vv.27 e 28.
[3]   Marcos, cap. VIII, v. 38.

"Cumpre se faça aqui uma importante distinção. À medida que avança na vida espiritual, a alma que enveredou pelo mau caminho se esclarece e despoja pouco a pouco de suas imperfeições, conforme a maior ou menor boa vontade que demonstre, em virtude do seu livre-arbítrio. Todo pensamento mau resulta, pois, da imperfeição da alma; mas, de acordo com o desejo que alimenta de depurar--se, mesmo esse mau pensamento se lhe torna uma ocasião de adiantar-se, porque ela o repele com energia. É indício de esforço por apagar uma mancha.

Não cederá, se apresentar oportunidade de satisfazer a um mau desejo. Depois que haja resistido, sentir-se-á mais forte e contente com a sua vitória. Aquela que, ao contrário, não tomou boas resoluções, procura ocasião de praticar o mau ato e, se não o leva a efeito, não é por virtude da sua vontade, mas por falta de ensejo. É, pois, tão culpada quanto o seria se o cometesse.

Em resumo, naquele que nem sequer concebe a ideia do mal, já há progresso realizado; naquele a quem essa ideia acode, mas que a repele, há progresso em vias de realizar-se; naquele, finalmente, que pensa no mal e nesse pensamento se compraz, o mal ainda existe na plenitude da sua força. Num, o trabalho está feito; no outro, está por fazer-se. Deus, que é justo, leva em conta todas essas gradações na responsabilidade dos atos e dos pensamentos do homem."

Se por um lado, respondemos pelo mal que praticamos, ensina Kardec, também, que "não há uma única ação meritória, um só bom movimento da alma que se perca, mesmo para os mais perversos, por isso que constituem tais ações começo de progresso." Como o bem é sempre o objetivo a ser alcançado, os *equívocos*, são de natureza transitória, consistindo-se em desarmonia com as Leis de Deus. É verdade que esta *sintonia* vibratória com Deus é

O código penal dos espíritos | 59

diretamente proporcional à maturidade alcançada pela própria criatura. Uns atingem de forma mais rápida – já possuem maior grau de discernimento – outros demoram um tempo maior, mas todos, inexoravelmente, um dia, respirarão em consonância com a Justiça Divina.

É por isso que, muitas vezes, somos surpreendidos por atos de bondade, em criaturas consideradas perversas por práticas contra a sociedade. Este é o sentido da lei do progresso, que todo homem desenvolve por si mesmo. À medida que se adquire experiência – a maturidade é relativa – se já alcançou o patamar para entender e avaliar as ações praticadas, o espírito consegue discernir entre o bem e o mal. Ninguém é mau eternamente. O mal é transitório, e o bem é a Lei de Deus, que todos têm que desenvolver no reino íntimo. "Fazer o bem é proceder de acordo com a lei de Deus. Fazer o mal é infringi-la"[4], afirmam os espíritos superiores. Assim, no momento certo, aquele que é considerado mau, de acordo com a peregrinação já percorrida, sente fluir espontaneamente na alma a força do bem; sente o vislumbre de felicidade a espraiar de si, como se fora o jorrar de uma corrente d'água a desabrochar do veio da terra. A Justiça de Deus não condena ninguém irremissivelmente, mas aguarda que cada um corrija os seus erros e alinhe-se com Ele. Assim o criminoso de hoje, será fatalmente o espírito puro do amanhã, mediante o trabalho infatigável no bem! O tempo, ora o tempo, é de inteira responsabilidade de cada criatura...

Assim, se neste momento, você, ao ler essas anotações, sentir que está *pronto* para mudar, compreendendo que

---

[4] KARDEC, Allan. *O Livro dos Espíritos*, Q. 630.

os atos cometidos considerados *equivocados* podem ser reparados, não perca tempo!... Se você errou e, por isso se autopune, repense... A mecânica utilizada por Deus para que cada um atinja, gradativamente, maior pureza, é através de *erros* e *acertos*, pois "é preciso que se ganhe, por si mesmo experiências, portanto que se conheça o bem e o mal. É por isso que o espírito une ao corpo."[5] É altamente educativa a experiência inesquecível de Paulo – o apóstolo dos gentios – às portas de Damasco, quando Ananias, em advertência fraterna, lhe pergunta: "E agora por que te deténs?"[6] Tal advertência merece reflexão de todos nós, se já nos enquadramos nesta *prontidão* para avançar, um pouco mais. Se já tomamos contatos com os mais diversos chamados, por convites, apelos, dádivas ou socorro do plano espiritual, não percamos a oportunidade. Certamente, seremos questionados com a mesma frase dita a Paulo: "E agora por que te deténs?" Lembremo-nos da afirmativa de André Luiz, em *Nosso Lar*: "Quando o discípulo está preparado, o Pai envia o instrutor. O mesmo se dá relativamente ao trabalho. Quando o servidor está pronto, o serviço aparece."[7]... Pense nisto!

---

[5] KARDEC, Allan. *O Livro dos Espíritos*, Q. 634.
[6] Atos, 22:16.
[7] XAVIER, Francisco Cândido, pelo espírito André Luiz. *Nosso Lar*, lição 26.

Pagar até o último ceitil

9.º – Toda falta cometida, todo mal realizado é uma dívida contraída que deverá ser paga; se o não for em uma existência, sê-lo-á na seguinte ou seguintes, porque todas as existências são solidárias entre si. Aquele que se quita numa existência não terá necessidade de pagar segunda vez.

TODAS AS VEZES QUE AGIMOS em sentido contrário à Lei Divina, criamos aflição e sofrimento, suportando, por isso, suas consequências, seja no corpo físico seja fora dele. Às vezes, criaturas ainda imaturas, do ponto de vista do entendimento espiritual, julgam que, uma vez fora das vestes físicas, os problemas desaparecem como num *passe de mágica*. No entanto, tal não se sucede, como bem, nos informam os orientadores maiores. Continuamos sendo *sempre nós mesmos*, com nossos defeitos e virtudes, tristezas e alegrias, viciações ou moralidade, pensamentos inferiores ou nobres. Nada muda com a morte, pois, a volta do corpo à mãe-natureza, não significa *libertação* do espírito. Liberta-se das vestes carnais, mas, não dos problemas e culpas conscienciais pelos atos praticados, uma vez de posse do entendimento.

O passado de equívocos não se desfaz sem correção, pois, toda vez que se viola o Código Divino, é acionado, automaticamente, o mecanismo de cobrança na consciência

O CÓDIGO PENAL DOS ESPÍRITOS | 63

do infrator, em razão do fruto amargo da plantação semeada. Desajustes e enfermidades brotam na mente, imantando-se, por projeção no corpo, trazendo um sentimento intenso de mal-estar, como forma de cobrar o imediato reajuste, necessário para o retorno às trilhas do bem. Quando não se consegue corrigir o débito nesta existência, por carência de razão, sê-lo-á feito na seguinte, ou nas seguintes, pois, todas as existências são solidárias entre si. Dessa forma, aquele que quitar o débito numa, não terá que fazê-lo uma segunda vez.

A reencarnação é a Justiça de Deus para com Seus filhos. Todos nós necessitamos de várias existências para o nosso melhoramento progressivo. Sem ela, onde a justiça? "A cada nova existência, o espírito dá um passo para diante na senda do progresso. Desde que se ache limpo, não tem mais necessidade das provas da vida corporal."[1] Portanto, todos passamos por muitas experiências reencarnatórias; os que dizem o contrário o fazem por ignorância, em que eles próprios se encontram, ou por interesse de manter as pessoas fora do alcance do entendimento dessa Lei Universal, auferindo com isso até dinheiro a rodo!...

Em que se funda a justiça da reencarnação? Esta questão formulada por Kardec[2] teve a seguinte resposta dos orientadores maiores: "Na Justiça de Deus e na revelação, pois incessantemente repetimos: o bom pai deixa sempre aberta a Seus filhos uma porta para o arrependimento. (...) Não são filhos de Deus todos os homens? Só entre os egoístas se encontram a iniquidade, o ódio implacável e os castigos sem remissão." Esta clareza de resposta marca

---

[1]   KARDEC, Allan. *O Livro dos Espíritos*, Q. 168.
[2]   KARDEC, Allan. *O Livro dos Espíritos*, Q. 161.

o grande diferencial entre a doutrina das existências sucessivas, e aquela fundada na unicidade de existência, que sela definitivamente a sorte das criaturas numa única experiência corporal. A lógica nos conduz a raciocinar sobre a impossibilidade de a criatura, mesmo que alcance a média de 100 anos de vida – como a ciência projeta para daqui a alguns anos – desenvolver toda a potencialidade e alcançar a condição de espírito bem-aventurado ou espírito puro, numa única existência física.

O item 3, do Código penal da vida futura, em *O Céu e o Inferno* prescreve: "Não há uma única imperfeição da alma que não importe funestas e inevitáveis consequências, como não há uma só qualidade boa que não seja fonte de um gozo." Ratificando essa lei, Jesus alerta: "Eu te digo, em verdade, que de lá não sairás enquanto não pagares até o último ceitil (centavo)."[3] Este conselho é para que aproveitemos o tempo da melhor maneira possível. Enganamos os homens, mas não a Deus, que, por Suas Leis, cobra de cada criatura a persistência de luta no aperfeiçoamento progressivo, pois, todos deverão batalhar para pagar até o último ceitil, ou seja, reparar todos os erros, por mínimos que sejam, para que a luz resplandeça em cada ser. Em outras palavras, ninguém alcançará a alegria de vibrar na máxima sintonia possível com Deus, enquanto não tenha cumprido completamente Sua justiça!...

"Podemos enganar o povo inteiro durante parte do tempo", expressou o estadista estadunidense Abraham Lincoln, e prossegue declarando: "Podemos enganar parte do povo durante o tempo todo. Mas, jamais poderemos

---

[3] Mateus, 5:26.

enganar o tempo todo, todo o povo." Tal frase nos traz de pronto à lembrança o ensino de Jesus segundo o qual "nada há que, sendo feito em oculto, que um dia não será revelado."[4]

Na lei humana, quando se comete um delito, a justiça, com base na legislação pertinente, penaliza o culpado com determinadas sanções. A Lei Divina – gravada na consciência de cada um – registra as ações na própria intimidade. Assim, quem transgride a Lei de Deus, registra *em si mesmo* a marca da transgressão, até o momento em que haja reparado a lesão, em sua totalidade, não deixando um único *ceitil*. Sendo perfeita a Lei de Deus, não há, privilégios, favores e nem milagres a ninguém! Todos são iguais perante Deus, não havendo, por consequência, atendimento discriminatório em razão de se pertencer a esta ou àquela crença, mas sim, pelas obras produzidas. Vale dizer, de forma comparativa, que, uma vez despertados pela consciência, enquanto não reparamos os nossos débitos, por menores que sejam não sairemos do vaivém das reencarnações. Assim, para atingir, na escala evolutiva, a condição de espírito puro, não se pode dever qualquer *ceitil* de impureza.

---

[4] Mateus, 10:26.

Origem dos sofrimentos

10.º – O espírito sofre, quer no mundo corporal, quer no espiritual, a consequência das suas imperfeições. As misérias, as vicissitudes padecidas na vida corpórea, são oriundas das nossas imperfeições, são expiações de faltas cometidas na presente ou em precedentes existências.

NO QUADRO GERAL, OS SOFRIMENTOS podem ser divididos entre aqueles cujos resultados são *independentes*, e os que são *dependentes* de nossa vontade. Há fatos que geram sofrimentos, e que são próprios do processo evolutivo natural de todos os seres. "Os animais e as plantas experimentam os mais diversos tipos de doenças que reclamam tratamento específico, tal como os seres humanos. Você já ouviu falar, a título de exemplo, das 'epilepsias' em animais, igual ao homem, e que obviamente, nada têm a ver com dores-expiatórias? Existem muitos cães, cavalos, macacos e outros animais das mais variadas espécies, que sofrem de epilepsia. E a epilepsia nos animais tem as mesmas características clínicas que a dor do ser humano, com os mesmos sintomas, como a ocorrência do íctus (crise) e similitude do traçado do eletroencefalograma."[1]

É nesta ótica que ensina André Luiz: "O ferro sob o malho, a semente na cova, o animal em sacrifício, tanto

---

[1] PRADA, Irvênia. *A questão espiritual dos animais.* Editora FÉ, 3 ed, p. 49.

quanto a criança chorando, irresponsável ou semiconsciente, para desenvolver os próprios órgãos sofrem a 'dor-evolução' que atua de fora para dentro, aprimorando o ser, sem o qual não existiria progresso."[2] Outros sofrimentos, no entanto, são criados por nós mesmos, por opção de escolha, em razão do livre-arbítrio. Segundo o mesmo André Luiz, "tem-se aí a 'dor-expiação', que vem de dentro para fora, marcando a criatura no caminho de séculos, detendo-a em complicados labirintos de aflição, para regenerá-la perante a Justiça...". Neste caso específico, sendo o homem o único que pode, racionalmente, escolher suas ações, na conquista de seus objetivos e na luta para a superação de obstáculos, por isso é sempre visitado por aflições.

Por esse motivo, pode se afirmar, que diante dos *equívocos* criados, voluntariamente, por nós mesmos, toda dor moral que se carrega no corpo físico, ou mesmo em espírito, quando desencarna, não é mero fruto do acaso ou de castigo de Deus; todas as vicissitudes que o espírito padece possuem vínculos com a história das próprias ações, na presente ou nas precedentes existências. Pela natureza dos sofrimentos e vicissitudes que a criatura padece na atualidade, é possível se aquilatar a origem dos erros e o grau de imperfeição cometidos no presente, ou nas existências pretéritas.

O sofrimento pode se expressar por várias formas: "Sintomas psicossomáticos de ansiedade, aflição, medo, depressão, pânico ou desespero; em decorrência de doenças graves em pessoas da família, ou de perda de entes queridos, de bens materiais ou diante de problemas econômicos,

---

[2] XAVIER, Francisco Cândido, pelo espírito André Luiz. *Ação e reação*, lição 19, p. 261.

sociais ou afetivos; diante de sofrimento de outras criaturas, motivados por catástrofes coletivas, misérias, guerras, que envolvem os seres humanos; causados por agressões físicas ou morais, afetando as pessoas na sua sensibilidade emocional."[3] Assim, podemos dizer, conforme ensina Kardec, que "as causas dessas várias nuances de vicissitudes pelas quais o homem passa, originam-se na vida presente ou nas existências anteriores."[4]

Com exceção das fatalidades a que o homem está sujeito, e que nem sempre podemos detectar, a maioria dos males se origina na conduta da própria pessoa nesta existência, pela imprevidência, orgulho e ambição do homem em sua vida de relação. Quando a dor nos bate à porta, com um pouco de esforço, através do retrospecto mental, caso a caso, conseguimos, quase sempre, detectar as raízes do nosso sofrimento; verificamos que somos, em grande parte dos casos, os próprios causadores. É alguém que ludibriamos conscientemente; palavras mal colocadas que ferem o próximo; desejos supérfluos em detrimento do necessário; objetivos não alcançados por falta de perseverança; omissões voluntárias na prática do bem; uniões calcadas no interesse ou na vaidade; filhos rebeldes cujas más tendências não foram educadas; discussões desnecessárias que poderiam ser evitadas, com paciência e moderação etc.

Considerando que toda infração, por menor que seja, acarreta consequências ao transgressor; a cobrança, pelo mecanismo da Lei, virá de uma forma ou de outra, mais dias ou menos dias. Muitas vezes somos tocados por

---

[3] BRÓLIO, Roberto. *Doenças da alma*, cap. VIII, p. 87-88.
[4] KARDEC, Allan. *O Evangelho segundo o Espiritismo*, cap. V. item 4.

O CÓDIGO PENAL DOS ESPÍRITOS | 69

remorso avassalador que nos leva à tristeza e à angústia; sendo consequência, no entanto, da atual existência, com o arrependimento e correção do ato faltoso, voltamos ao equilíbrio. O sofrimento moral é um efeito, e tem como causa uma história relacionada com o próprio infrator. Excetuando-se os sofrimentos pelas "dores-evolução", podemos afirmar que todo sofrimento está relacionado a uma causa! Quando não detectamos essa causa nesta existência, a doutrina espírita, com base nas existências sucessivas, explica-nos que ela está relacionada com causas anteriores. O mal, quando não corrigido nesta existência, fatalmente o será nas existências futuras. São as chamadas "provas cármicas", que causam sofrimento até a total correção.

Atualmente as terapias de lembranças das vidas passadas, levadas a efeito por psicólogos-clínicos que não têm nenhum vínculo com religiões reencarnacionistas, já tratam destas relembranças como fatos cientificamente comprovados. Quem desejar mais detalhes sugerimos a leitura da obra publicada pelo escritor Hermínio Corrêa Miranda, *A memória e o tempo*, editado pelas Publicações Lachâtre.

São muitos os casos em que diante de tanto sofrimento pelo qual passa a criatura, sem nenhuma explicação *aparente* e, portanto, estranha ao seu atual quadro de conduta que, parece que somos regidos por um Deus insensível, que brinca com a Humanidade. Citamos, a título de exemplo: a perda de entes queridos, acidentes imprevisíveis, os flagelos naturais, as doenças de toda ordem desde a tenra idade, as crianças que nascem com problemas mentais. Aí se questiona, por que motivo Deus permite tantos sofrimentos para uns, enquanto outros já nascem favorecidos em lares bem constituídos com tantas regalias? A reencarnação explica, mostrando-nos que não existe efeito sem causa. Deus é soberanamente bom e justo e se as causas do sofrimento – produzidas por nós mesmos – não têm matriz nesta existência, com certeza, estão nas existências precedentes.

Embora ninguém nasça para sofrer, pois o objetivo da reencarnação é a evolução, enfrentamos o sofrimento regenerador, como terapia necessária de correção de nossos desvios, despertando-nos para o retorno às leis maiores. Quando estamos passando por sofrimentos e adversidades de toda ordem, antes de nos revoltarmos contra Deus, entendamos que há algo errado em nossa conduta que precisa ser corrigido. "O infortúnio que, à primeira vista, parece imerecido tem sua razão de ser, e aquele que se encontra em sofrimento pode sempre dizer: Perdoa-me, Senhor, porque errei!..."[5]. Destaque-se que o sofrimento faz parte do processo de aprendizagem do ser em evolução na conquista de sua perfeição. Pela presença do sofrimento, como fiscal de nossos erros, todos, no devido tempo, seremos vencedores. O mal é temporário, isto é o que importa!...

O sofrimento, como acidente de percurso, traz benefícios, pois é a forma de que as leis cósmicas se utilizam para "alertar" o infrator de seus equívocos, visando avisá-lo da necessidade de sanar erros que, se não corrigidos em tempo, podem agravar a situação. "Fundamentalmente considerada, a dor é uma lei de equilíbrio e educação. Sem dúvida, as falhas do passado recaem sobre nós com todo o seu peso e determinam as condições de nosso destino. O sofrimento, não é, muitas vezes, mais do que a repercussão das violações da ordem eterna cometidas, mas, sendo

---

[5]   KARDEC, Allan. *O Evangelho segundo o Espiritismo*, cap. V, item 6.

O CÓDIGO PENAL DOS ESPÍRITOS | 71

partilha de todos, deve ser considerado como necessidade de ordem geral, como agente de desenvolvimento, condição de progresso."[6]

O Boletim SEI[7], em um de seus excelentes comentários, nos traz educativo relato, que fez uma estudante carioca, sobre o incidente que a vitimou:

FATALIDADE E LIVRE-ARBÍTRIO

No dia 5 de maio de 2003, a estudante Luciana Gonçalves de Novaes, de 20 anos, foi atingida na coluna vertebral por uma "bala perdida".

Ela estava no campus de uma universidade da cidade do Rio de Janeiro. Como resultado do acidente, ficou tetraplégica.

Um ano depois do ocorrido, ela foi entrevistada por um jornalista da Folha de São Paulo.

Do leito do hospital onde se encontra, Luciana contou como foram as horas que antecederam o tiro.

"Lembro que senti vontade de não ir à faculdade naquele dia. Cheguei a me levantar por duas vezes no ônibus. Quase desisti. Mas tinha prova. Acabei indo. Se Deus me deixou ir para a faculdade, é porque tinha um plano para mim. Estou cumprindo minha missão na vida."

Luciana falou das muitas mensagens que recebeu, de pessoas desconhecidas, dizendo-se feliz em saber que tantos oram por ela.

"São essas orações e minha fé em Deus que me dão força e esperança. Penso que vou melhorar cada vez mais. Não sinto mágoa das pessoas que fizeram isso comigo."

A jovem ainda tem outra lição a dar.

"Foi uma emoção muito grande, confessa, quando consegui

---

[6] DENIS, Léon. *O problema do ser, do destino e da dor*, p. 372.

[7] BOLETIM SEI, site: www.lfc.org.br/sei, maio/2004, n.º 1886.

ver o céu, quando os médicos colocaram minha maca na varandinha que tem aqui no quarto. Às vezes, as pessoas correm tanto na vida e não têm tempo de olhar o mar e o céu. Queria dizer que isso é muito importante. E que elas deveriam dar mais valor a essas situações."

Emmanuel, analisando esta questão do sofrimento, inserida no livro *Vinha de luz* nos traz à reflexão vários pensamentos em que, sob sua luz, podemos analisar, a maturidade de compreensão da estudante, extraída diante da dor:[8]

• Indispensável é saber sofrer, extraindo as bênçãos de luz que a dor oferece ao coração sequioso de paz.

Não basta, tão somente, *sofrer*, é preciso *saber sofrer*, retirando as bênçãos eternas, diante de perdas temporárias com que defrontamos. Diz a estudante que as criaturas "deveriam dar mais valor a essas situações." É isso mesmo, que às vezes nos faltam: parar para refletir e tirar lições diante do sofrimento. Ele é sempre educativo!... Jesus, quando falava de dor, sede e fome se referia à dor-evolução, à dor ínsita no crescimento do espírito impulsionado pela fome de aprender e pela sede de saber.[9]

• Muita gente padece, mas quantas criaturas se complicam, angustiadamente, por não saberem aproveitar as provas retificadoras e santificantes?

Não podemos deixar que a dor se transforme em revolta, mas em bênçãos retificadoras. Nestes momentos é que voltamos para Deus e somos despertados para entender os reais objetivos da vida. A dor dilacera, aperfeiçoando-nos

---

[8] XAVIER, Francisco Cândido, pelo espírito Emmanuel. *Vinha de luz*, lição 80.
[9] CURTI, Rino. *Bem-aventuranças e parábolas*. São Paulo, FEESP, 1982, p. 39.

o coração, se delas tirarmos proveito; ela corrige e nos santifica a alma.

- Raros são os homens que aprendem a encontrar o proveito das tribulações.

A maioria, fruto ainda da carência de entendimento espiritual, se revolta e despreza a oportunidade que as Leis Divinas oferecem para que se volte ao equilíbrio e se tenha paz no coração. Não aproveitando a oportunidade, complica-se ainda mais, agravando a dor retificadora. É o que acontece com o doente que, sendo lhe prescrito o remédio, não o toma.

- Todas as criaturas sofrem no cadinho das experiências necessárias, mas bem poucos espíritos sabem padecer como cristãos, glorificando a Deus.

A evolução é obrigatória. Deus aguarda, todavia, que cada um, por si mesmo, encare as experiências necessárias da libertação. Pode ser que, neste momento, ainda não entendamos os benefícios da dor, e a recebamos com revolta, com desespero, com rebeldia, perdendo a oportunidade de vencer a prova regeneradora que nos foi oferecida. Mas, dia virá em que, como consequência da maturidade espiritual, aceitaremos o padecimento sem revolta e compreenderemos que, o que aparenta um mal, na realidade é um bem, que ainda, não entendemos.

Agravantes ou atenuantes

11.º – A expiação varia segundo a natureza e gravidade da falta, podendo, portanto, a mesma falta determinar expiações diversas, conforme as circunstâncias, atenuantes ou agravantes, em que for cometida.

NA JUSTIÇA HUMANA, diz-se que as **atenuantes** são circunstâncias que abrandam a aplicação da pena. O juiz, ao aplicar a pena a ser cumprida pelo infrator, diminui o número de anos que deveria ser cumprido em razão de algumas circunstâncias que lhe são favoráveis. Como exemplo, existe uma pena base a ser aplicada pelo julgador, digamos que, teoricamente seja de dez anos. Mas, em razão de algumas circunstâncias, a pena será suavizada. Assim, pode-se citar o caso de o réu ser primário (nunca praticou crime algum), confessou voluntariamente o crime, entre outros. Neste caso, em razão destas atenuantes, o juiz poderá aplicar, segundo o seu entendimento, menos de dez anos de pena, sem, no entanto, ultrapassar o limite mínimo estabelecido pela lei. Por outro lado, pode também a *pena base* sofrer **agravantes** – que aumentam a pena – em razão de algumas circunstâncias que são desfavoráveis ao réu, tais como, entre outros, reincidência no mesmo crime, prática de um delito por motivo fútil ou torpe.

Já na Justiça Divina, que tem também **atenuantes** e **agravantes**, o processo se desenrola no *foro íntimo* de cada um, com base na própria consciência; leva-se em conta, se o erro foi praticado deliberadamente, ou se, em razão do estágio em que se encontrava a criatura na escala evolutiva, as faltas cometidas foram involuntárias, pois, a criatura pouco sabia do certo e do errado. Assim, se o erro foi proposital, o infrator, receberá os *avisos* da própria consciência, onde está instalada a Lei de Deus. Entra, então, na faixa da angústia, que se manifesta entre o remorso e o arrependimento. De acordo o enquadramento da ação – voluntária ou involuntária – haverá *agravantes* ou *atenuantes* na faixa consciencial do infrator.

André Luiz nos relata[1] o caso de "Antônio Olímpio, ex-fazendeiro, internado na Colônia Espiritual, que, no desejo voluntário na prática da delinquência, utilizara atos criminosos, aniquilando os próprios irmãos para se apossar de seus bens. O criminoso, no mundo espiritual, conforme alegações dele mesmo, pelos dramas da consciência culposa, *não desfrutava de qualquer atenuante das culpas* que lhe eram imputadas. Egoísta, vivera tão somente para si. Não se preocupara com as necessidades alheias, tudo o que fazia era pensando nas suas próprias conveniências. Sua vida na Terra, fora toda vinculada ao dinheiro e ao tempo, sem a mínima preocupação com o próximo. Passando para o mundo espiritual, não recebera nenhuma intercessão de gratidão alheia por ato praticado no bem. Agora, sentia-se órfão de lembrança positiva que pudesse amenizar seus sofrimentos. Eis aí o sentido da ausência de atenuantes para as nossas dores."

"Apesar de tudo, a esposa e filhos eram devedores de especial carinho, dispensado por Olímpio. Ela, já no

---

[1] XAVIER, Francisco Cândido, pelo espírito André Luiz. *Ação e reação*, lição 3.

Mundo Maior, procurava interceder junto aos orientadores da colônia espiritual, pelo marido. Os dois corações surgiam, ali, segundo a Lei, como valores benéficos para o delinquente, porque todo o bem realizado, com quem for e seja onde for, constitui recurso vivo, atuando em favor de quem o pratica. Alegava a esposa que o marido fora um carrasco dos próprios irmãos, matando-os para usurpar-lhe os haveres; no entanto, para ela e para o filho sempre fora um amigo e protetor, abnegado e queridíssimo. Como, pela Justiça Divina, ninguém fica impune, o irmão devedor receberia, segundo os relatos dos instrutores, as bênçãos de uma nova existência, onde juntos com os credores começaria uma nova etapa de reajuste com as indefectíveis Leis de Deus."

Em razão dos erros cometidos, sofrem-se consequências proporcionais ao entendimento. Isto se chama *expiação*. Através dela podemos resgatar e apagar os nossos *equívocos*. Saliente-se, todavia, que não se trata de *castigo* de Deus, mas a reconciliação com a própria consciência em desarmonia. Não equacionando os desvios no corpo físico, após a desencarnação, num *continuum*, existe para o espírito uma contabilidade dos atos praticados. Assim, tanto o bem, quanto o mal são contabilizados no registro da própria consciência. Quanto mais praticamos o bem, mais créditos adquirimos, e que se constituem em *atenuantes* a nosso favor. O mal, no entanto, requer a expiação para a quitação dos débitos, e por consequência, o retorno à Lei de Deus, que é sempre o bem.

A doutrina espírita ensina também que todos somos submetidos a provas, tal qual o aluno na escola, quando é avaliado para verificar se aprendeu ou não determinada área do saber. Assim, passamos constantemente por provas na Terra para aferir o que aprendemos, e o que ainda temos que corrigir na nossa ascensão evolutiva. Para evoluir o espírito passa por *provas* e, também, por *expiações*. Cada espírito, antes de reencarnar escolhe, de maneira livre e consciente, as provas pelas quais deve passar. Isto, no entanto, não pode ser interpretado ao pé da letra; não se constitui regra geral, pois, esta escolha vai depender do grau de conhecimento, de discernimento e de qualidades morais.

A bem da verdade, esta escolha é relativa, pois os nossos erros e acertos, voluntários ou involuntários já estão gravados em nossa consciência. Pela Justiça Divina cada ser, em razão da lei de causa e efeito, estará agindo dentro de uma faixa vibracional, e será, mais dias ou menos dias, atraído para o cumprimento dela. A questão é só de tempo. Todos, efetivamente, corrigirão, quer nesta, quer em existências futuras, os desvios de rotas, e se realinharão com as Leis Divinas.

Como o livre-arbítrio é inviolável, mesmo tendo traçado o cumprimento de tais provas e expiações, pode o espírito mudar o roteiro daquilo que foi programado, a qualquer momento. Vai depender de uma série de circunstâncias exteriores que podem influir nas tomadas de atitudes e decisões no processo evolutivo de cada um. Não há outra forma de entendermos esta questão de *provas* e *expiações*, pois sendo dotados de livre-arbítrio, jamais estaríamos robotizados, como verdadeiras marionetes, ou programados para agir desta ou daquela maneira. Ora, a doutrina espírita explica a inexistência de determinismo. Somos livres para escrever a nossa própria história.

Veja o clássico exemplo, conhecido no meio espírita,

com respeito à mudança daquilo que *estaria* programado, por força expiatória...[2]

A história retrata o caso de Saturnino Pereira, exemplar pai de família, companheiro dos humildes, espírita convicto desde os primeiros anos. Certa vez na fábrica onde trabalhava foi surpreendido pelas engrenagens da máquina de que era condutor, sendo visto com as mãos a sangrar. Todas as atenções voltaram para ele, entre pasmo e amargura. Não é possível, logo Saturnino, o amigo de todos...

Atendido pelos companheiros foi internado no hospital. O médico, após a cirurgia, informa que, felizmente o operário perdera apenas o polegar, conquanto o braço direito fora todo ferido, seria reconstituído em tempo breve.

Após o incidente vieram os comentários: Como pôde acontecer isso a um homem tão bom? Quantas mãos criminosas saem ilesas de desastres? Outros diziam: que adianta religião, tão bem observada, como no caso de Saturnino?

Parecia um fato que ia de encontro com a justiça divina. Contudo, à noite, em reunião no centro espírita que frequentava, o orientador espiritual revelou-lhe que numa encarnação passada havia triturado o braço do seu escravo num engenho rústico. O orientador espiritual assim lhe falou: "Por muito tempo, meu filho, no Plano Espiritual, você andou perturbado, contemplando mentalmente o caldo de cana enrubescido pelo sangue da vítima, cujos gritos lhe ecoavam no coração. Por muito tempo, por muito tempo... E você implorou existência humilde em que viesse a perder no trabalho o braço mais útil. Mas, você, Saturnino, desde a primeira mocidade, ao conhecer a doutrina espírita, tem os pés no caminho do bem aos outros. Você tem trabalhado, esmerando-se no dever... Regozije-se, meu amigo! Você está pagando, em amor, seu empenho à Justiça..."

---

[2] XAVIER, Francisco Cândido; VIEIRA, Waldo, pelo espírito Hilário Silva. *A vida escreve*, cap. 20.

Assim, ele se programara, em razão do ato ignominioso, praticado em existência anterior, a uma nova romagem na Terra, para se reajustar perante as Leis de Deus. Havia implorado, diante do remorso que lhe consumia a consciência, uma existência humilde, em que viesse a perder no trabalho o braço mais útil! O serviço desde as primeiras horas em benefício do bem, concedeu-lhe *atenuantes*, que ao em vez de alijar o braço todo, perdeu apenas um dedo.

Outro caso que também identifica um débito programado, ou seja, uma *dor-expiação*, mas que é aliviada pela somatória de ação no bem, é o de Adelino Correia, reportado por André Luiz[3]:

> "Ainda pela utilidade que sabe imprimir aos seus dias, Adelino mereceu a limitação da enfermidade congenial de que é portador. Tendo sofrido, por longo tempo, o trauma perispirítico do remorso, por haver incendiado o corpo do próprio pai, nutriu em si mesmo estranhas labaredas mentais que o castigaram intensamente no além-túmulo... Renasceu, por isso, com a epiderme atormentada por vibrações calcinantes que desde cedo, se lhe expressaram na nova forma física por eczema de mau caráter... Semelhante moléstia, em face da dívida em que se empenhou, deveria cobrir-lhe todo o corpo, durante muitos e angustiosos lustros de sofrimento, mas, pelos méritos que ele vai adquirindo, a enfermidade não tomou proporções que o impeçam de aprender e trabalhar, porquanto granjeou a ventura de continuar a servir, pelo seu impulso espontâneo na plantação constante no bem."

Dessa forma, exercitando o bem, praticado hoje, sua soma é contada como **atenuante** neutralizadora ao mal

---

[3] XAVIER, Francisco Cândido, pelo espírito André Luiz. *Ação e reação*, lição 16.

praticado ontem, nesta, ou em existências anteriores, adquirindo, com isso o equilíbrio necessário rumo à ascensão superior. É neste sentido que Pedro afirmou: "o amor cobre uma multidão de pecados!."[4]

Devemos, entretanto, notar que as mesmas faltas ainda que cometidas em circunstâncias idênticas, têm para cada um, ressonâncias diferentes, em razão do estágio evolutivo em que se encontra o faltoso. E aí, entra, então, a questão das **atenuantes** e **agravantes**, que influenciam a consciência. É dificultoso, portanto, matematicamente, estabelecer tabelas punitivas, como ocorre na justiça humana. Cada criatura tem, em razão do grau de evolução e entendimento, repercussão pessoal quanto às ações cometidas.

---

[4] I Pedro, 4:8.

Sem regras absolutas

12.º – Não há regra absoluta nem uniforme quanto à natureza e à duração do castigo: – a única lei geral é que toda falta terá punição, e terá recompensa todo ato meritório, segundo o seu valor.

A JUSTIÇA NAS SOCIEDADES modernas tem por função apurar e punir o faltoso nos atos praticados contra à ordem pública; e esta tarefa é atribuída nos Estados Democráticos de Direito, ao Poder Judiciário[1]. Intuitivamente, têm os homens, de modo semelhante, por influência da tradição religiosa, elaborado mecanismos, que seriam criados por Deus para punir aqueles que, do ponto de vista moral, *se atritaram* com Suas Leis. Muito temor foi plantado na mente das criaturas, pelas várias organizações religiosas, com a ideia das *penas eternas*, sentenças totalmente incompatíveis com a bondade e o amor de Deus. Hoje, a Igreja, em pronunciamento do próprio papa João Paulo II – após tanto tempo de ensinamento da doutrina espírita – revisando os seus conceitos seculares, passou a divulgar que o *inferno* não tem localização geográfica, mas trata-se de um estado de

---

[1] Possui o direito pátrio criminal limite para as penas, sejam cominadas entre um mínimo e um máximo, princípio da legalidade e da reserva legal, tanto para a sanção privativa de liberdade como para o *quantum* da sanção pecuniária. A Constituição Federal proíbe a pena de prisão perpétua (Art. 5.º, XLVII, letra "b") e o Código Penal limita o cumprimento da pena de prisão em 30 anos (Art. 75 – Lei 7.209/84). MAIA, Furtado Maia Neto; LENCHOFF, Carlos. *Criminalidade, doutrina penal e filosofia espírita*, p. 114.

consciência. Para Kardec[2]: "A doutrina das *penas eternas* teve sua razão de ser, como a do inferno material, consistindo num freio para os homens pouco adiantados intelectual e moralmente." No entanto, na proporção do avanço espiritual do homem, afastando-se da materialidade primitiva, este conceito de *penas eternas* foi sendo abrandado, minorando, em parte, uma vez que essas ideias não se coadunam com a razão humana!...

Nesta linha moderna de entendimento, está a doutrina espírita que amplia, de forma extraordinária, a visão sobre esse conceito, demonstrando o amor incondicional de Deus para com os Seus filhos. Afinal, todos foram criados *simples e sem experiências*, e pelo esforço próprio, por meio de *erros e acertos*, alcançarão, um dia, pelo progresso espiritual, a condição de *espíritos puros*. Pelas regras estabelecidas nas leis humanas, a criatura só é punida quando – depois de flagrada no delito, com direito de ampla defesa – recebe, após todos os trâmites processuais, a decisão final da Justiça; nesse processo, obviamente, pode o acusado, por meio de exímio defensor se safar da punibilidade. Perante as Leis Divinas, o mecanismo acontece de modo diferente; tem ela meios próprios na consciência que *disparam*, tal como um gatilho, alertando a própria criatura da necessidade da correção dos atos cometidos. Explicando melhor: se cometermos ações dissonantes com as leis maiores, não teremos, obviamente, defensores, tal como na lei humana, para maquiar o ato praticado, pois o Tribunal será o da nossa consciência, onde estão gravadas as Leis de Deus. O faltoso nada pode esconder ou inventar, pois, cada um se apresenta tal como

---

[2] KARDEC, Allan, *O Céu e o Inferno*, cap. VI, item 2.

é, já que o perispírito, como corpo do espírito irradia de si, o filme da própria vida, constituindo-se, portanto, como um *livro aberto* aos espíritos superiores.

Sempre dizemos que Deus não está de espreita empunhando binóculos em *marcação cerrada* sobre Seus filhos, pronto para puni-los em suas faltas, ou premiá-los nos seus atos no bem. Isto quer dizer: não está Ele, externamente julgando, individualmente, os nossos atos. A Lei Divina responde ao infrator, dentro dele mesmo, alertando-o, do afastamento de Suas normas. Lembremo-nos, assim, de que a Lei de Deus por ser perfeita, tem recursos próprios para despertar o infrator nos seus equívocos, até que ele se *alinhe* novamente.

Saliente-se, todavia, que tal percepção do erro é relativa ao grau de evolução de cada ser na escala ascensional. Os mais evoluídos detectam com mais facilidade as faltas cometidas, e sabem as consequências daquilo que praticaram. Por outro lado, o Espírito, carente de entendimento, tem menos responsabilidade, porque, na expressão de Jesus, "não sabe o que faz"; e Deus leva em consideração sua condição de inexperiência, relativa àquela etapa de estágio. Em outras palavras, "Deus não leva em conta os tempos de ignorância."[3]

As penas temporárias aplicadas, em determinada quantidade de anos ao infrator pelas leis humanas, não existem diante das Leis Divinas, pois, não há regra absoluta nem uniforme quanto à natureza e à duração da pena. Pela Justiça Divina, cada um, de forma individual, no momento certo, e de acordo com a maturidade atingida, detecta a

---

[3] Atos, 17:30.

falta e, pela própria consciência – se compreende – planeja por si mesmo, experiências para a correção das falhas cometidas. Se, no entanto, ainda não percebe a dimensão do ato praticado, é auxiliado pelos mentores espirituais, na preparação de provas, para o retorno à vida terrena. No entanto, atentemos para o detalhe: essas provas não são rígidas, de tal sorte que os espíritos sejam meros robôs, pois, detentores do livre-arbítrio, podem por vontade própria, mudar a qualquer momento, se assim entenderem.

Por outro lado, a prática do bem, vai sendo somada, e retorna em inefáveis benefícios de paz e alegria íntimas ao seu autor. Dessa forma, ao errar, afasta-se de Deus – o Eu profundo na consciência – por vibração, tal como ocorreu com o filho pródigo, da parábola; praticando, porém, o bem, se *alinha* com Ele. É a lei da evolução para todos, sem qualquer privilégio ou castigo. É dessa forma que o espírito, paulatinamente, desde o período de sua infância evolutiva, quando lhe é despertado o livre-arbítrio, ainda quase imperceptível, vai se corrigindo, por meio de inúmeras experiências ao longo dos milênios, até atingir sua plenitude de espírito puro.

Assim exposto, podemos destacar neste código penal à luz da justiça do tribunal da consciência, que: "Não há regra absoluta nem uniforme quanto à natureza e à duração do castigo (sofrimento, acrescentamos): – a única lei geral é que toda falta terá punição (entendamos, como consequências), e terá recompensa (felicidade) todo ato meritório, segundo o seu valor." Saliente-se, todavia, "que quanto mais baixo é o grau evolutivo dos culpados, mais sumário é o julgamento pelas autoridades cabíveis, e, quanto mais avançados os valores culturais e morais do indivíduo, mais complexo é o exame dos processos na criminalidade em que se emaranham, não só pela influência com que atuam nos destinos alheios, como também porque o espírito, quando ajustado à consciência dos próprios erros, ansioso de reabilitar-se perante a vida e diante daqueles que mais ama, suplica por si mesmo a sentença punitiva que reconhece indispensável à própria restauração."[4]

Embora não haja regra absoluta quanto à natureza e à duração de nossa pena, sabemos que, como regra geral, o mal gera consequências ruins, e os atos bons nunca deixam de ser levados em conta. Somos os construtores da alegria ou da felicidade; façamos, pois, sempre o melhor dentro de nossas possibilidades. Fazer o bem aproxima-nos da perfeição e da felicidade. Interessante é a história, de autor desconhecido, referindo-se a essa atuação de cada um na cota de responsabilidade diante da vida.

NOSSA CASA

Um velho **carpinteiro** estava em vias de se aposentar. Chegou ao seu superior e informou a decisão. Os anos lhe pesavam muito e ele desejava uma vida mais calma.

Queria descansar um pouco, estar mais com a família, despreocupar-se de horários e rígidas disciplinas que o trabalho lhe impunha.

Porque fosse um excelente funcionário, seu chefe se entristeceu. Perderia um colaborador precioso.

Como última tarefa, antes de deixar seu posto de tantos anos, o chefe lhe pediu que construísse uma última casa. Era um favor especial que ele pedia. O **carpinteiro** consentiu. À medida que as

---

[4]   XAVIER, Francisco Cândido, pelo espírito André Luiz. *Evolução em dois mundos*, lição 6.

paredes iam subindo, as peças sendo delineadas, o acabamento sendo feito, podia se perceber a distância que os pensamentos e o coração do servidor não estavam ali.

Ele não se empenhou no trabalho. Não se preocupou na seleção da matéria-prima, de forma que as portas, janelas e o teto apresentavam sérios defeitos.

Como também não teve cuidado com a mão de obra, a casa tomou um aspecto lamentável. Foi uma maneira bem desagradável de ele encerrar a sua carreira.

Surpresa maior foi quando o chefe veio inspecionar a obra terminada. Olhou e pareceu não ficar satisfeito. Aquele não era um trabalho do seu melhor **carpinteiro**.

No entanto, tomou as chaves da casa e as entregou ao **carpinteiro**.

"Esta casa é sua. É meu presente para você, por tantos anos de dedicação em minha empresa."

Que choque! Que vergonha! Se ele soubesse que a casa seria sua, teria caprichado. Teria buscado os melhores materiais, a melhor mão de obra. O acabamento teria merecido atenção especial. Mas agora ele iria morar naquela casa tão malfeita. Assim acontece conosco. Construímos nossas vidas de maneira distraída e descuidada. Esquecemos de levantar paredes sólidas de afeto que nos garantirão o abrigo na hora da adversidade. Não providenciamos teto seguro de honradez para os dias do infortúnio. Não nos preocupamos com detalhes pequenos como gentileza, delicadeza, atenções que demonstrem interesse para com os demais.

Pensemos em nós como um carpinteiro. Pensemos em nossa casa. Cada dia martelamos um prego novo, colocamos uma armação, estendemos vigas, levantamos paredes. Construamos com sabedoria nossa vida. Porque a nossa vida de hoje é o resultado de nossas atitudes e escolhas feitas no ontem. Tanto quanto nossa vida do amanhã será o resultado das atitudes e escolhas que fizermos hoje. E se sentirmos falharem-nos as forças, recordemos a advertência que se encontra na primeira epístola de Tiago, versículo 5: "se alguém tem falta de sabedoria, peça a Deus. Ele a dará porque é generoso e dá com bondade a todos."

Tudo que realizemos, façamo-lo com alegria. Coloquemos estrelas de esperança no céu da vida e alegremo-nos pela oportunidade evolutiva. A alegria, que é resultado de uma conduta digna, é geradora de saúde e bem-estar. E toda alegria resulta de uma visão positiva da vida, que se enriquece de inestimáveis tesouros de paz interior. O nosso será de luz se hoje semearmos bom ânimo, o bem e a amizade.

Árbitro de si mesmo

13.º – A duração do castigo depende da melhoria do espírito culpado.

O DIREITO PENAL UTILIZA-SE de sistemática muito semelhante à que ensina a doutrina espírita, aproximando-se, dessa forma do Direito Natural ou Divino. Assim, de acordo com a Lei das Execuções Penais, podemos citar a hipótese em que o condenado, tendo demonstrado um bom comportamento, pode beneficiar-se do livramento condicional, da progressão do regime de cumprimento da pena privativa de liberdade, ter a seu favor permissão de saídas ou direito a saídas temporárias. Prevê, ainda, que o condenado que cumpre a pena em regime fechado ou semiaberto poderá diminuir, pelo trabalho, parte da execução da pena. Assim, pode-se abater *um dia de pena* a cumprir, trabalhando *três dias*[1].

Isto quer dizer que a justiça humana, apesar de não ser perfeita, cria recursos atenuadores para que os devedores da sociedade possam quitar, por esforço próprio, parte da pena que têm a cumprir mediante o exercício do trabalho produtivo. Por isso, diante do esforço pessoal, incluindo aí estudos realizados pelo reeducando na prisão, oportuniza, com mais rapidez, a reinserção do preso ao convívio social.

Assim, pela legislação humana, o réu, sendo considerado culpado é condenado a um determinado número de anos,

---

[1]   Art. 126 e § 1º da Lei de Execuções Penais.

segregado da sociedade, para que possa, pelo menos, *teoricamente*, conseguir a sua recuperação. Já pelo *código penal dos espíritos*, "nenhuma condenação por tempo determinado lhe é prescrita." O tempo está vinculado à maturidade espiritual adquirida pelo espírito em sua jornada de crescimento ao Infinito. E aqui, por consequência, o tempo da inconsciência dos próprios erros, não pode ser determinado, como acontece na legislação penal terrena; na realidade, do ponto de vista espiritual, o tempo é infinito; é ele determinado pessoalmente, sendo, portanto, diferente para cada criatura, com base exclusivamente no seu grau de entendimento. Não tendo se despertado quando no corpo físico, o espírito continua carregando no mundo espiritual, as consequências de seus erros. E só o melhoramento sério, efetivo e sincero no bem, é que vai ser computado para a contagem de tempo. Veja-se, portanto, que não existe para o espírito, uma tabela única de tempo, como ocorre na legislação humana, para o ressarcimento dos débitos. Cada um, com base na própria história, faz o seu tempo!

Nesta comparação, dá para entender a diferença entre os dois códigos penais? Na experiência terrena, o tempo para o cumprimento da pena é estabelecido *exteriormente*, pelo julgamento do Magistrado, mediante uma infinidade de leis, nas quais o devedor será enquadrado, conforme o delito praticado. No mundo espiritual, o tempo de sofrimento, pela carência de razão, é dependente do *interior*, ou seja, da própria consciência, pois está na dependência do histórico pessoal de cada criatura, do grau evolutivo, da compreensão do fato; por isso, tem-se a seu favor atenuantes, pela prática do bem, ou contra si, agravantes pela prática do mal – por ação ou omissão – junto aos semelhantes.

Daí o afirmarmos, repetindo que, entre os homens pode-se livrar de determinadas penas, com a constituição de um especialista na área, mudando-se a história do delito. Contudo, diante do mundo espiritual, não temos defensores. Somos nós mesmos nossos próprios advogados, pois não há possibilidade de ocultar os deslizes, uma vez que exteriorizamos a fotografia de nossos pensamentos, grafadas no perispírito, e do qual não podemos fugir nunca! Assevera André Luiz que "é sempre fácil penetrar o domínio das formas-pensamentos, vagarosamente construídas pelas criaturas que as edificam, apaixonadas e persistentes, em torno dos próprios passos."[2]

Deste modo, o espírito é sempre o árbitro da própria sorte, podendo prolongar os sofrimentos pela pertinácia no mal, ou suavizá-los, ou, até anulá-los pela prática do bem. Tudo é questão de tempo e maturidade. Não havendo, portanto, punição divina, mas, sim, Leis Cósmicas Justas, gravadas na própria consciência. Se ainda persiste no mal é porque não entendeu os reais objetivos da vida. Com o alcance – cada qual a seu tempo – da felicidade plena, todos, independentemente de raça, cor ou credo respirarão na faixa vibracional do eterno bem. Ensina Kardec que: "Uma condenação por tempo predeterminado teria o duplo inconveniente de continuar o martírio do espírito renegado, ou de libertá-lo do sofrimento quando ainda permanecesse no mal. Ora, Deus, que é justo, só pune o mal enquanto existe, e deixa de o punir quando não existe mais; por outra, o mal moral, sendo por si mesmo causa de sofrimento,

---

[2] XAVIER, Francisco Cândido, pelo espírito André Luiz. *Ação e reação*, p. 190-191.

fará este durar enquanto subsistir aquele, ou diminuirá de intensidade à medida que ele decresça."

É preciso, todavia, interpretar o sentido do conteúdo, na frase acima, quando aduz: "Deus, que é justo, só pune o mal enquanto existe, e deixa de o punir quando não existe". Na realidade, como Deus é a Lei Cósmica, não há punição externa, como ocorre na lei humana, quando o faltoso é obrigado a se ressarcir do erro cometido. "A letra mata, mas é o espírito que vivifica"[3], alertou Paulo. Assim, não há *punição* de Deus, em seu sentido literal. Quando cometemos equívocos, no transcurso de nossa trajetória evolutiva – o que é natural, pois Deus nos concedeu o livre-arbítrio – no momento certo, pela compreensão do ato falho cometido, desencadeia-se o mecanismo de reajuste, que começa com sentimento de culpa, e que, por força do aguilhão do remorso, conduz-nos ao arrependimento e, por consequência, ao reajuste reparador, dos prejuízos materiais ou morais causados a outrem.

Assim entendamos, vale a pena repetir, que Deus é a Lei que tudo rege no Universo. Quando a violamos, praticando certos excessos, a culpa é toda nossa. Deus não profere qualquer julgamento. Quando se diz que Ele pune, devemos interpretar, como um resultado de infração cometida por nós mesmos contra Sua Lei. Todas as nossas ações estão submetidas ao Código Maior, por mais insignificantes que nos pareçam. Quando entramos na faixa do sofrimento, o mecanismo da consciência expede um *recado* de *alerta* de que estamos sofrendo as consequências dos próprios desvios. Mas, não fiquemos tristes! É assim mesmo a mecânica

---

[3] 2 Cor, 3:6.

da Lei Divina. Através dos *erros* e dos *acertos* vamos, gradativamente, alcançando patamares mais elevados, até atingirmos a perfeição, que nos trará felicidade plena.

Consolador é o texto bíblico, que nos traz o ensinamento do profeta Ezequiel, ao afirmar: "Eu juro por mim mesmo que não quero a morte do ímpio, mas que o ímpio se converta, que abandone o mau caminho e que viva."[4] Neste sentido, o profeta se manifesta contra a eternidade das penas, pois ela será sempre individual e proporcional ao entendimento. Dizendo de outra forma: cada um é sempre árbitro de si mesmo!

---

[4]   Ezequiel, 33:11.

Sem pena eterna!...

14.º – Dependendo da melhoria do espírito a duração do castigo, o culpado que jamais melhorasse sofreria sempre, e, para ele, a pena seria eterna.

O SOFRIMENTO PELO QUAL cada um está passando é sinal de imperfeição, de sorte que sua erradicação, só será efetivamente realizada quando o espírito superar condições inferiores, de que é ainda portador, e atinja a plenitude de aperfeiçoamento que lhe é possível. Uns, em razão do progresso já realizado, através das várias existências, apresentam-se em melhores situações evolutivas, e alcançam mais rapidamente esse objetivo. Outros, entretanto, são carentes de mais experiências para se despertarem, assumindo também, a responsabilidade do próprio crescimento. Lembremo-nos do pedagógico texto de Paulo, em Carta aos Coríntios[1], dizendo que gostaria de lhes dar *alimento sólido*, mas que tinha de lhes dar *leite*, pois eram ainda *meninos na fé*, crianças espirituais. Vale dizer: no tempo certo, com o despertar da consciência, cada um deixa de ser criança espiritual para atingir a maturidade; evoluem, com isso, mais depressa, pois, a "*compreensão* não se improvisa. É obra de tempo, colaboração, harmonia."[2]

---

[1] 1 Coríntios, 3:1-3.
[2] XAVIER, Francisco Cândido, pelo espírito Emmanuel. *Vinha de luz*, lição 121.

Às vezes, imprudentemente, emitem-se críticas negativas a companheiros de jornada, pela forma como enfrentam erradamente determinadas situações; para outros, se tecem elogios e recebem a premiação do aplauso. Usam--se dois pesos e duas medidas. Jesus, o excelso advogado da Humanidade, recomenda certa precaução no ato de julgamento de nosso semelhante, dizendo: "Não julgueis para não serdes julgados." Ao invés de críticas severas aos que se equivocaram sob a névoa do erro, procuremos agir com paciência e bondade; assim, quando, por nossa vez, incidirmos também em ações equivocadas, teremos o irmão de jornada nos acudindo com paciência e bondade.

Lembremo-nos de que todo julgamento que fazemos em relação a terceiros, quase sempre, está pautado no código de conduta que construímos – nesta ou em existências anteriores – segundo nosso entendimento, de agora. Assim, é possível que cometamos injustiças em sentenças precipitadas, pois, o nosso parecer não está levando em conta o grau de evolução do criticado. Talvez o erro não seja voluntário, mas, tão somente, por carências de entendimento. As suas experiências, fruto de construção pessoal, nem sempre são iguais às nossas. Percebendo a falta de percepção às coisas espirituais, no mecanismo das Leis Eternas, Jesus, diante de seus crucificadores, pede, amorosamente, a Deus: "Pai, perdoa, eles não sabem o que fazem!"[3].

Assim, a duração do castigo (sofrimentos) está, proporcionalmente, relacionada ao propósito de melhoria. Quanto mais persistirmos no erro, mais tempo de sofrimento teremos que enfrentar. Na condição de seres em trânsito pela

---

[3] Lucas, 23:34.

Terra, trazemos no imo da alma, inúmeras imperfeições, cuja correção dependerá de nós mesmos, encetando busca incessante, no caminho do bem. "Não te deixes vencer pelo mal, mas vence o mal com o bem", asseverou Paulo[4]. O bem sendo sempre o bem, em qualquer que seja a via pela qual se conduz, a correção do mal nos aproxima do amor de Deus. Por esse motivo, Jesus ensinou: "Amai os vossos inimigos. Bendizei os que vos maldizem. Orai por aqueles que vos maltratam e caluniam. Perdoai setenta vezes sete. Ofertai amor aos que vos odeiam." Entendamos que podemos, muitas vezes, combater o mal para restringir sua propagação; no entanto, só podemos alcançar efetivamente a vitória sobre ele pela dedicação irrestrita ao Bem. À medida que melhoramos, a felicidade flui na mesma proporção, facilitando a nossa vida de inter-relação com os semelhantes.

Emmanuel orienta-nos para *nunca esmorecer*, e trabalhar sempre para nossa melhoria, pois é necessário que todos avancem e atinjam o alvo, que é a perfeição, objetivo comum de todas as criaturas, que, mais dias, ou menos dias, sairão vitoriosas. É a lei do progresso. "Se o desânimo te ameaça, desce os olhos e contempla o teu próprio corpo e o teu próprio corpo dirá em silêncio que, para sustentar-te o espírito, infatigavelmente, ele mesmo vive em regime incessante de serviço e perdão para melhorar."[5]

O culpado que jamais melhorasse, sofreria sempre, e, para ele, a *pena* seria *eterna*. Na realidade, repetindo uma vez mais, não existe a chamada *pena eterna*. Só existe para ele, tão somente, segundo sua ótica, em razão do sofrimento

---

[4]   Romanos, 12:21.
[5]   XAVIER, Francisco Cândido, pelo espírito Emmanuel. *Justiça Divina*, p. 80.

pelo qual passa naquele momento; e, como esse estado aflitivo parece não findar, o faltoso pensa que a pena é eterna. Ora, se a pena (sofrimento) fosse eterna e irrevogável, como ensinam as religiões cristãs tradicionais, de nada adiantaria se arrepender diante do erro. Assim, nada tendo de esperar de sua melhoria, persiste no mal, de modo que Deus "não só o condena a sofrer perpetuamente, mas ainda a permanecer no mal por toda a eternidade. Nisso não há nem bondade nem justiça."[6] É muito comum, em nossas reuniões mediúnicas, espírito altamente endividado, já fora do corpo físico, manifestar-se, sem qualquer noção do tempo – ele é infinito – que permanece no mundo espiritual, alegar que está sofrendo a *pena eterna*, e que, pela gravidade de atos praticados não mais terá o perdão de Deus. A bem da verdade, se não houvesse a oportunidade das bênçãos da reencarnação, e a oportunidade de aprendizagem fosse uma única vez, o espírito deixaria a vida terrena sem conseguir a plenitude do aperfeiçoamento; não teria jamais, por consequência, a oportunidade de melhoria, e, por conseguinte, sofreria, literalmente, a chamada *pena eterna*. No entanto, essa pena eterna, segundo a doutrina espírita, está relacionada à inconsciência do espírito, diante dos próprios erros, em razão da ignorância de que é portador, no seu grau de entendimento.

"Quando os homens imaginaram um Deus vingativo, fizeram-no à sua imagem." Ora, o que se sabe, nas palavras do apóstolo João, é que *Deus é amor*. Sempre será uma força magnética, atraindo o filho que se apartou de Suas Leis; aguarda, tão somente, o seu despertar para que se eduque e

---

[6]   KARDEC, Allan. *O Céu e o Inferno*, cap. VI.

retorne à Casa do Pai. Nas fases recuadas do entendimento, quando ainda predominava a belicosidade, fizeram-no, inclusive, o temível *Deus dos Exércitos*, imaginando-o rancoroso e parcial, pronto a proteger o seu *povo*, em prejuízo de outros povos, como se todos não fossem também filhos de Seu amor, em processo de evolução. Deus não faz discriminação de ninguém, seja por crença, sexo, cargo, posição evolutiva. Fomos criados para atingir a perfeição relativa, mas sem qualquer *punibilidade*, com ato externo imposto por Deus. Os eventuais sofrimentos são *alertas* do próprio Tribunal da Consciência, para que aquele que se desviou do caminho do bem se corrija e se recupere. Podemos, diante da Sua bondade infinita, segundo nossa ótica, analisar Sua justiça, da seguinte maneira:

1.ª - Em toda falha cometida no trajeto evolucional, têm-se consequências, e a *punição* – de acordo com a ótica de cada um – será, no entanto, sempre mecanismo de educação.

2.ª - O sofrimento por que passa o aprendiz, mais dia ou menos dia, produzirá, aperfeiçoamento e iluminação naquele que, por ignorância, desvirtua-se do caminho do bem;

3.ª - Sempre que se desarmoniza com as Leis Divinas surge o mal, como mecanismo consciencial de correção, proporcional ao grau da infração.

A Lei Divina é soberanamente justa. Cada espírito, criado simples e ignorante, isto é, sem conhecimento, e, detentor do livre-arbítrio, escreve a própria história por meio de *erros* e *acertos*. Nesta caminhada ao Infinito, o espírito faz escolhas *certas* ou *erradas*. Não havendo castigo nem perdão gratuitos, todos devem progredir em tempo mais ou menos longo, de acordo com a maturidade de cada um. A mecânica da Justiça Divina pondera rigorosamente o bem e o mal. O bem realizado é recompensado pela felicidade do espírito, que passa gozar de maior sintonia com Deus; o mal, no entanto, resulta no sofrimento, obrigando o espírito a refazer o caminho percorrido, reajustando-se com quem prejudicou. Não há neste processo qualquer sinal de protecionismo, a quem quer que seja. Ela é sempre proporcional e equitativa ao grau de autoconhecimento.

Assim, sendo o sofrimento proporcional ao estado de compreensão e do estágio evolutivo de cada um, conforme ensina a doutrina espírita, seria injusto pensar-se numa eternidade da pena; muitas vezes, erra-se em razão da natureza ainda imperfeita ou dos exemplos que recebe do meio em que se vive. Assim, se espíritos menos evoluídos viessem sofrer, *eternamente*, sem esperança de clemência ou de perdão, em igualdade de condições com os mais evoluídos, reafirmamos: haveria injustiça na Lei Divina, pois não haveria proporcionalidade entre a falta e o castigo (sofrimento). Reajustando-se, porém, às Leis Divinas – gravadas na consciência – o culpado adentra-se na faixa de alinhamento com o bem eterno, e reequilibra-se.

No entanto, se a pena fosse eterna e irrevogável de pouco adiantaria melhoramento, pois o bem, não sendo considerado, estaria instalada a injustiça na Lei de Deus. Nesse caso, a legislação humana – que é mutável – seria mais perfeita que a Lei Divina – que é eterna – pois, naquela, o condenado pode ser perdoado ou ter diminuída a sua pena pela correção, pelo trabalho, pela dedicação aos estudos, dentro do próprio estabelecimento correcional; e assim haveria mais equidade na justiça humana que na Divina, o que seria um contrassenso. Pensemos nisto!...

Acreditando na pena eterna

15.º – Uma condição inerente à inferioridade dos espíritos é não lobrigarem o termo da provação, acreditando-a eterna, como eterno lhes parece deva ser um tal castigo.

A TEORIA DA ETERNIDADE das penas perde terreno dia a dia e chegará a um ponto em que as criaturas que nela acreditavam, à medida do despertar da maturidade espiritual, vão tê-la como algo pueril, e que não resiste à menor lógica perante as Leis Divinas, sábias e eternas. Enquanto criança, esta crença é aceita, salvo raríssimas exceções, sem qualquer contestação; mas, com o tempo, o ser humano começa a questionar sobre a validade deste mecanismo. Há, todavia, pessoas que passam a vida toda, mesmo com idade avançada fisicamente, e continuam a acreditar neste Deus judaico-cristão, divulgado pelas igrejas, que é ao mesmo tempo amor, mas também vingativo; que castiga Seus filhos, a ponto de não lhes dar oportunidade do arrependimento e novas oportunidades de correção e melhoria, e, por consequência, continuar o processo de crescimento. "Não haverá contradição em se lhe atribuir a bondade infinita e a vingança também infinita?", questiona Santo Agostinho[1]. Ora, uma condenação eterna, em razão de alguns momentos de erro – pelo livre-arbítrio que faz parte do processo evolutivo – seria uma negação da bondade de Deus.

---

[1]   KARDEC, Allan. *O Livro dos Espíritos*, Q. 1009.

Para Kardec, esta doutrina teve a sua razão de ser, como a do inferno material, enquanto o temor podia constituir um freio para os homens pouco adiantados intelectual e moralmente. Na impossibilidade de apreenderem as matizes, tantas vezes delicadas do bem e do mal, bem como o valor relativo das atenuantes e das agravantes, os homens não se impressionariam, então, a não ser pouco, ou mesmo nada, com a ideia das penas morais. Tampouco compreenderiam a temporalidade dessas penas e a justiça decorrente das suas gradações e proporções.

A duração dos sofrimentos está vinculada ao tempo necessário para que o culpado melhore. Tanto a felicidade, como o sofrimento são sempre proporcionais ao grau de adiantamento do espírito, e a duração e a natureza de seus sofrimentos dependem do tempo que se gaste na melhoria. E como isso é pessoal, cada um terá o tempo necessário, proporcional à maturidade adquirida no processo evolutivo. À medida que os espíritos crescem em maturidade e se depuram, os sofrimentos diminuem dando lugar à felicidade.

Nessa linha de raciocínio, procurando esclarecer sobre a duração eterna do sofrimento, o espírito São Luís, questionado por Kardec,[2] esclarece:

> "Poderiam, se ele pudesse ser eternamente mau, isto é, se jamais se arrependesse e melhorasse, sofreria eternamente. Mas, Deus não criou seres tendo por destino permanecerem votados perpetuamente ao mal. Apenas os criou a todos simples e ignorantes, tendo todos, no entanto, que progredir em tempo mais ou menos longo, conforme decorrer da vontade de cada um. Mais ou menos tardia pode ser a vontade, do mesmo modo

---

[2] KARDEC, Allan. *O Livro dos Espíritos*, Q. 1006.

que há crianças mais ou menos precoces, porém, cedo ou tarde, ela aparece, por efeito da irresistível necessidade que o espírito sente de sair da inferioridade e de se tornar feliz. Eminentemente sábia e magnânima é, pois, a lei que rege a duração das penas, porquanto subordina essa duração aos esforços do espírito. Jamais o priva do seu livre-arbítrio: se deste faz ele mau uso, sofre as consequências".

O espírito de pouco conhecimento e maturidade, ainda com a mente cristalizada nos conceitos que aprendeu, ao passar para o mundo espiritual, continua sendo ele mesmo, agindo e reagindo sob as regras e conceitos adquiridos. Em razão da inferioridade que carrega *pensa* que realmente o faltoso, dependendo do tipo de erro cometido, irá para o inferno!...; pois, é assim que as doutrinas religiosas, principalmente as dogmáticas, lhe ensinaram, e, vendo-se no mundo espiritual, angustiado, não é capaz de *entender* que existe um término no processo de provação, isto é dos equívocos cometidos. As leis religiosas mantiveram os homens, durante muito tempo, sob o jugo do medo, com a imposição de penas eternas aos que erraram, alegando serem estes os recursos utilizados pela Providência Divina pelos desvios cometidos. Neste sentido, Nilton Bonder, afirma: "O Universo que não conhecia a punição a descobriu na consciência humana."[3] Ora, Deus é sempre amor! Nada é eterno. Somente Suas leis são imutáveis e perenes. Sempre haverá novas oportunidades de ressarcimento dos desvios à Lei Maior. Assim, sendo inerente à sua inferioridade esta falsa interpretação de Deus, acreditam que seja *eterna* a provação pela qual passam, como eterno deve ser o sofrimento.

---

[3] BONDER, Nilton. *Código penal celeste*, p. 191.

A criatura que só viveu egoisticamente, tendo procurado, tão só, os interesses mundanos para satisfação de seus desejos, pouco importando-se com aqueles que com ela jornadeiam na mesma senda de aprendizagem, e não tendo sido despertada ainda para a continuidade da vida em outras dimensões, vive o "agora", e nada mais... Para ela, nada mais existe, além desta vida. Contudo, encontrando-se no mundo espiritual, após a desencarnação, nem sempre sabe que está fora do corpo, acreditando ainda que não morreu. Como acreditava apenas no nada, sente-se, psicologicamente, num verdadeiro vácuo e, como nada vê, este lhe parece eterno.

Pergunta Kardec[4] aos mentores superiores: Quais são os sofrimentos maiores a que os espíritos maus se veem sujeitos? Respondem eles, que pela prática de certos crimes, as torturas morais por que passam no mundo espiritual são indescritíveis. Mas acrescentam que: "Indubitavelmente, porém, a mais horrível consiste em pensar que estão condenados sem remissão." Quer dizer: carregam na alma tanto desequilíbrio que julgam, pelo crime nefando praticado, que não encontrarão jamais o perdão de Deus. Foram educados com a ideia de que Deus é julgador colérico e punidor insensível de Seus filhos, e que, assim, estão fadados a sofrer eternamente pelo mal que praticaram.

No entanto, aquele que já desenvolveu o amor, sabe, utilizando a expressão de João[5] que, "Deus é amor", e assim sendo, não faz distinção entre Seus filhos, pouco importando a cor, credo ou nacionalidade. Estas discriminações são dos homens! O Pai sempre aguarda pacientemente, como

---

[4] KARDEC, Allan. *O Livro dos Espíritos*, Q. 973.
[5] João, 4:8.

na parábola do filho pródigo, o retorno de Seus filhos aos trilhos do bem. Neste sentido, todos são Seus filhos, mesmo, aqueles que ainda se encontram no estágio de acreditar na perenidade da provação, como perene lhes deve ser o sofrimento. São apenas estações necessárias pelas quais todos estagiam e, que, após, ultrapassada esta etapa de aprendizagem, se credenciam por méritos próprios, a continuar a grande jornada do crescimento ao Infinito.

Perdão é uma graça?

16.º – O arrependimento, conquanto seja o primeiro passo para a regeneração, não basta por si só; são precisas a expiação e a reparação.

É TÃO COMUM OUVIRMOS DIZER que Deus perdoa as faltas. Certamente, nós mesmos, em algum momento da vida, já pedimos perdão ao Pai, por alguns erros que cometemos. No geral, nota-se, que este pedido é feito constantemente pelas criaturas, quando "caem si", sentindo a presença da culpa, em ato praticado, contrário à ética e à moral em nosso inter-relacionamento social. Sempre, quando nos desviamos do dever, tendo compreensão da extensão do ato, irrompe-se nos escaninhos da consciência o sentimento de culpa, levando-nos ao remorso em suas mais variadas reações, colocando nossas manifestações no estado sombrio. Somos, normalmente, em razão da imperfeição de que ainda portamos, desatentos aos "alertas" que são emitidos pela voz da consciência, desertando da responsabilidade e pondo os nossos pensamentos para outras direções.

Em qualquer circunstância, todavia, seremos sempre filhos do mesmo Pai, que aguarda o aperfeiçoamento evolutivo de todos. A essência divina está em nossa intimidade, razão pela qual, Jesus afirmou: "O reino de Deus está dentro de vós." E disse também: 'Vós sois luzes". Isto quer dizer que somos portadores do gérmen da perfeição que irá se aflorar, fatalmente, um dia, pelo esforço próprio, mediante as inúmeras existências, ao longo do processo evolutivo. À medida que caminhamos, nossos potenciais vão se desenvolvendo em todos os aspectos até a plenitude possível da pureza. Detentor do livre-arbítrio, vamos, através das inúmeras experiências reencarnatórias, alterando a escala de valores, corrigindo aqui, melhorando acolá, tendo presente, como mecanismo de vigilância, a própria consciência.

Mas, tão somente, chegar pelo remorso ao arrependimento não basta por si só; é preciso reparar os desvios; da mesma forma que o aluno displicente, que, apesar de todos os esforços despendidos pelos pais, sente-se arrependido por não ter usado devidamente o tempo na conquista do sucesso esperado. Precisa recomeçar. O arrependimento concorre para a melhoria do espírito, mas ele tem que, por si mesmo, arcar com as consequências da displicência, e recomeçar o trajeto mal realizado, reparando as falhas cometidas. O arrependimento, a expiação e a reparação constituem as três condições necessárias para apagar os traços de uma falta e suas consequências. Quando se arrepende e se compreende as consequências dos equívocos cometidos, o sofrimento por si torna-se mais ameno, facilitando o caminho da reabilitação. Mas, como não existe o *perdão do exterior* no mecanismo das Leis Divinas, oportuniza-se ao próprio infrator a reparação que ocorrerá naturalmente, por atos de maturidade e de vontade. Quando se repara, destrói-se a causa do ato falho. Do contrário, diz o codificador, "o perdão seria uma graça, não uma anulação."

Numa das lições de Atos dos Apóstolos, vamos encontrar uma advertência do apóstolo Pedro, que, conforme os comentários de Emmanuel, através de nosso saudoso Chico Xavier, nos ensina, de forma didática, o sentido do arrependimento na caminhada evolutiva. Assim, Pedro, defronte da multidão, alerta[1]: "Arrependei-vos e convertei--vos, para que sejam apagados os vossos pecados e venham assim os tempos de refrigério pela presença do Senhor." A maioria dos seguidores das mais diferentes crenças religiosas admite que a absolvição dos erros cometidos se processe, do exterior para o interior, pela simples prática de atos externos convencionados pela doutrina que professa. Assim é que, estariam redimidos do erro, pela participação de certas cerimônias exteriores, se católicos; cantando hinos em louvor a Deus, se evangélicos; tomando passes, ouvindo palestras, ou, frequentando algumas sessões, se espíritas... Mas isto não é importante? Não é o que acontece no seio dos templos religiosos? Poderia se perguntar. Tudo isto, no entanto, embora seja respeitável, não atende à totalidade daquilo de que cada praticante necessita para alcançar a plena sintonia com o reino de Deus. São apenas *preliminares* ou *aquecimentos* preparatórios para se iniciar o trabalho de iluminação que nos conduzirá ao desenvolvimento do reino de Deus em nossa intimidade.

O apóstolo Pedro, com esta advertência, ensina-nos, que, para alcançar o refrigério à alma, devemos de nos submeter a um programa de transformação de nossa essência; e isto não está relacionado "apenas" a algumas práticas exteriores, embora importantes. Temos que passar, no tempo certo, de acordo com a maturidade pessoal, por *estações necessárias*, para realização de nossos potenciais. E isto não se realiza

---

[1] Atos, 13:19.

numa única vez. É um trabalho paulatino que a criatura faz – independente do credo que professa – vencendo cada estação, etapas evolutivas, pelas quais todos devem passar. Poderíamos estabelecer nesta caminhada, várias "estações necessárias"[2] no processo evolutivo do espírito: fase preparatória, sentimento de culpa, o remorso, o arrependimento, a expiação e a reparação. O apóstolo, neste sentido, alerta para a necessidade da *conversão*, que se sintetiza na apoteose do processo, culminando na reparação dos equívocos praticados, consciente ou inconscientemente, condição para se alcançar o reequilíbrio, pelo alinhamento vibracional com Deus.

Uma vez alcançada esta fase, o espírito *habilita-se* para a construção do Reino Divino dentro de si mesmo. E assim, conhecedor destas *estações necessárias* do processo evolutivo, pode identificar em qual se encontra, e, por consequência, o trabalho a ser desenvolvido, que, uma vez superado, o credencia à matrícula na etapa seguinte.

---

[2] XAVIER, Francisco Cândido, pelo espírito Emmanuel. *Pão nosso*, lição 13.

Corrigir logo, é preciso!...

17.º – O arrependimento pode dar-se por toda parte e em qualquer tempo; se for tarde, porém, o culpado sofre por mais tempo.

DE UM MODO GERAL AS RELIGIÕES tradicionais, em especial aquelas vinculadas à linha judaico-cristãs – baseadas na unicidade de existência – estabeleceram em seus dogmas certas regras de *prêmios* ou *castigos* para a alma na vida pós-morte, como consequências das ações positivas e negativas praticadas, aqui na Terra. O céu para os que se perfilharam no caminho do bem, e os tormentos do inferno para os que equivocadamente procederam de forma errônea. A visão espírita da Justiça de Deus para os homens, porém, é mais consoladora, pois, tendo por base a reencarnação e, portanto, evolução do espírito através da pluralidade de existências, deixa sempre aberta a porta do *arrependimento* para que o ser, por si mesmo, quer no plano físico, quer no mundo espiritual, e a qualquer tempo, em consonância com a maturidade natural da consciência, se corrija e se recupere perante as Leis de Deus.

A lenda austríaca, que abaixo inserimos, sob o título de "Zelador da Fonte", retrata-nos bem esse fato, de que, uma vez cometido o erro, é imperiosa a correção, sob pena de estarmos cometendo outro erro.

Conta uma lenda austríaca que em determinado povoado

havia um pacato habitante da floresta, contratado pelo conselho municipal para cuidar das piscinas que guarneciam a fonte de água da comunidade.

O cavalheiro, com silenciosa regularidade, inspecionava as colinas, retirava folhas e galhos secos, limpava o limo que poderia contaminar o fluxo da corrente de água fresca.

Ninguém lhe observava as longas horas de caminhada ao redor das colinas, nem o esforço para a retirada de entulhos.

Aos poucos, o povoado começou a atrair turista. Cisnes graciosos passaram a nadar pela água cristalina.

Rodas d'água de várias empresas da região começaram a girar dia e noite.

As plantações eram naturalmente irrigadas, a paisagem vista dos restaurantes era de uma beleza extraordinária.

Os anos foram passando. Certo dia, o conselho da cidade se reuniu, como fazia semestralmente.

Um dos membros do conselho resolveu inspecionar o orçamento e colocou os olhos no salário pago ao zelador da fonte.

De imediato, alertou aos demais e fez um longo discurso a respeito de como aquele velho estava sendo pago há anos, pela cidade. E para quê? O que é que ele fazia, afinal? Era um estranho guarda da reserva florestal, sem utilidade alguma.

Seu discurso a todos convenceu. O conselho municipal dispensou o trabalho do zelador.

Nas semanas seguintes, nada de novo. Mas no outono, as árvores começaram a perder as folhas.

Pequenos galhos caíam nas piscinas formadas pelas nascentes.

Certa tarde, alguém notou uma coloração meio amarelada na fonte.

Dois dias depois, a água estava escura.

Mais uma semana e uma película de lodo cobria toda a superfície ao longo das margens.

O mau cheiro começou a ser exalado. Os cisnes emigraram para outras bandas. As rodas d'água começaram a girar lentamente, depois pararam.

> Os turistas abandonaram o local. A enfermidade chegou ao povoado.
>
> O conselho municipal tornou a se reunir, em sessão extraordinária e **reconheceu o erro grosseiro cometido.** Imediatamente, tratou de novamente contratar o zelador da fonte.
>
> Algumas semanas depois, as águas do autêntico rio da vida começaram a clarear. As rodas d'água voltaram a funcionar. Voltaram os cisnes e a vida foi retomando seu curso.

Assim como este Conselho Municipal reconheceu o erro cometido, devemos nós também, no momento em que o detectarmos, ter a humildade de reparar o quanto antes. Caso contrário, estaremos cometendo outro erro.

A Justiça Divina, segundo a visão da doutrina espírita não se vincula "à relação crime-castigo, onde se pressupõe que as faltas são aqui cometidas e que a punição se dá em outro plano. Também afasta a ideia simplista de que os que aqui sofrem hão de ser, necessariamente, recompensados numa vida posterior situada nos domínios sagrados."[1] Vale dizer: Como o espírito é imortal o julgamento das ações depende sempre do *despertar da consciência*; pouco importa, neste caso, se o espírito está no corpo físico (encarnado) ou fora dele (desencarnado), pois o julgamento é algo sempre pessoal e ocorre no íntimo de cada um. E para isto cada um tem o seu tempo!...

Igualmente, também, não há lógica em pensar que aquele que sofre aqui na Terra será premiado no mundo espiritual. Ora, o sofrimento, fora dos casos da dor-evolução, natural

---

[1]   MOREIRA, Milton Medran. *Direito e justiça*, p. 30.

O CÓDIGO PENAL DOS ESPÍRITOS | 115

no processo de crescimento[2], é consequência do afastamento vibracional das Leis de Deus. Atentemos, pois, que isso é totalmente natural no processo evolutivo do Espírito. Deus concedeu a todos o livre-arbítrio, pelo qual se tem, em razão do estágio de evolução, a liberdade de *escolha* que, obviamente, poderá ser *certa* ou *errada*. Assim sendo, ninguém precisa esperar a morte física para, depois, reparar os erros cometidos; nem esperar para receber o prêmio da felicidade, pelos atos bons praticados, um dia, após a morte, lá no convencionado *céu*. As consequências dos atos praticados podem acontecer *agora* e *aqui* mesmo, onde estivermos, nesta ou em existências posteriores; "o reino de Deus está dentro de nós", e cada um carrega a felicidade ou a desarmonia onde estiver. O céu e o inferno são estados de *consciência*, que podem se manifestar em qualquer lugar – no corpo físico ou fora dele – e, em qualquer tempo – mediante a maturidade relativa do espírito no patamar de sua escala evolucional.

A dor ou a alegria, a felicidade ou a desdita ocorrem naturalmente durante o processo da reencarnação, no qual todos estão inseridos; e cada um é o construtor, pelo livre-arbítrio, destes estados d'alma, num *continuum* constante, que não escolhe lugar para que a lei de *causa e efeito* funcione. E funciona em qualquer lugar, aqui e agora, ou, posteriormente, nesta, ou noutras existências. O importante é que ela funciona. Disparada a ação, tem-se, por consequência, a reação. Tudo ocorre naturalmente e sem pressa, porque o que importa é que cada um, no seu próprio ritmo e entendimento, alcance a sua felicidade.

---

[2] Ver lição 10 deste livro sobre Origem dos sofrimentos.

Não há punição ou recompensa, partindo de Deus. Todos nós, no devido tempo, desenvolveremos os potenciais da alma, ou seja, nos educaremos, alcançando felicidade à medida que eliminamos as imperfeições. Mas veja bem, essa felicidade, quer atual quer futura, não está diretamente vinculada à fé que a criatura cultua, seja lá de qualquer crença. Assim, particularmente, cada espírito *respira* o hálito mental do grau da própria conquista. "Naquele que nem sequer concebe a ideia do mal, já há progresso realizado; naquele a quem esta ideia acode, mas que a repele, há progresso em vias de realizar-se; naquele, finalmente, que pensa no mal e nesse pensamento se compraz, o mal ainda existe na plenitude de sua força. Num o trabalho está feito; no outro, está por fazer-se. Deus que é justo, leva em conta todas essas gradações na responsabilidade dos atos e dos pensamentos do homem."[3]

O mecanismo da Lei Natural – ou Lei de Deus – "a única verdadeira para a felicidade do homem" e que este só se torna infeliz "quando dela se afasta",[4] cuida de disparar na consciência de cada um, os *flashes* de alerta para a correção dos desvios. Quando neles permanecemos por muito tempo, eclodem-se repercussões de *mal-estar* no íntimo, sob forma de sofrimento, em suas várias manifestações, como angústia, agonia, tristeza, nervosismos e gêneros assemelhados, como *lembrete* pedagógico de que precisamos nos harmonizar com a Lei Maior. Alerta Kardec que: "Até que os últimos vestígios da falta desapareçam, a expiação consiste nos sofrimentos físicos e morais que lhe são consequentes, seja

---

[3] KARDEC, Allan. *O Evangelho segundo o Espiritismo*, cap, VIII, item 7.
[4] KARDEC, Allan. *O Livro dos Espíritos*, Q. 614.

na vida atual, seja na vida espiritual após a morte, seja ainda em nova existência corporal." De uma forma lógica e racional quem consegue reparar suas faltas mais cedo, sofrerá menos, e quem persiste no erro, por fraqueza ou má vontade, sofre por mais tempo. Há de se considerar, todavia, sempre a condição de entendimento do espírito. Quando ainda ignora o entendimento do ato cometido, a lei atenua as consequências, pois, afinal, no dizer de Jesus: "Eles não sabem o que fazem!..."

Independentemente do grau cultural, em razão da Lei Divina, presente na consciência de cada um, todos pressentem que existe uma Justiça Maior, que a tudo preside e, diante da observação de fatos do dia a dia, estabelecem uma relação entre a ação (boa ou má) e o seu consequente resultado. Neste sentido, observa Medran[5]: "Há, intimamente, na consciência de cada um, a convicção, ou, pelo menos, a intuição de que a sorte e a felicidade são resultantes do bem proceder e que a verdadeira e definitiva justiça se faz sempre a partir desta conexão (ação e resultado). Dogmas religiosos que sustentam coisa diferente acabam, no entanto, por poluir a consciência desta relação natural entre bem proceder e felicidade, ajuntando-lhe elementos diferentes que acabam sendo aceitos por força da fé e não da razão."

Ou na condição de encarnado, ou na de desencarnado, o espírito para *anular* o mal cometido, segundo a expressão de Kardec, necessita de, uma vez despertado o arrependimento, reparar as suas faltas. A reparação é um princípio de rigorosa justiça que se pode considerar verdadeira lei de

---

[5] MOREIRA, Milton Medran. *Direito e justiça*, p. 30-31.

reabilitação moral dos espíritos. E, também, uma vez, despertado o arrependimento, para que haja a reeducação, é preciso se conscientizar de que o mal cometido deve ser expiado e reparado o quanto antes, eliminando-se, assim, a prorrogação do sofrimento.

Mundos purificadores

18.º – Os espíritos imperfeitos são excluídos dos mundos felizes, cuja harmonia perturbariam. Ficam nos mundos inferiores a expiarem as suas faltas pelas tribulações da vida, e purificando-se das suas imperfeições até que mereçam a encarnação em mundos mais elevados, mais adiantados moral e fisicamente.

UM DOS PRINCÍPIOS BÁSICOS da doutrina espírita é a pluralidade dos mundos habitados. Desde há muito se questiona sobre a existência de outras moradas, ou estações evolutivas do espírito. Será que a Terra seria nesta imensidão cósmica a única a ser habitada pelos espíritos? No Evangelho de João,[1] Jesus afirma: "Há muitas moradas na casa de meu Pai." Além do sentido das diversas posições mentais ocupadas pelos espíritos na erraticidade, na situação de feliz ou infeliz, podemos entender, conforme interpretou Kardec, que: "A casa do Pai é o Universo. As diferentes moradas são os mundos que circulam no espaço infinito e oferecem aos espíritos que neles encarnam as moradas apropriadas ao seu adiantamento."[2]

Na elaboração de *O Livro dos Espíritos*, Kardec questiona os seus interlocutores sobre esta questão, obtendo deles as seguintes respostas:

---

[1] João, 14:2.
[2] KARDEC, Allan. *O Evangelho segundo o Espiritismo*, cap. II, item 2.

Questão 55 – Todos os globos que circulam no espaço são habitados?

– Sim, e o homem da Terra está longe de ser, como crê, o primeiro em inteligência, em bondade e perfeição. Todavia, há homens que se creem muito fortes, que imaginam que somente seu pequeno globo tem o privilégio de abrigar seres racionais. Orgulho e vaidade! Julgam que Deus criou o Universo só para eles.

Questão 56 – A constituição física dos mundos é a mesma?

– Não, eles não se assemelham de modo algum.

Questão 57 – A constituição física dos mundos não sendo a mesma para todos, seguir-se-á tenham organização diferente os seres que os habitam?

– Sem dúvida, como para vós os peixes são feitos para viverem na água e os pássaros no ar.

Conforme informações dos espíritos, a classificação destes mundos, seria:

I. De acordo ao grau de adiantamento ou de inferioridade dos seus habitantes, divididos em:

a) Mundos Inferiores – a existência é toda material, reinam as paixões, quase nula é a vida moral.

b) Mundos Intermediários – misturam-se o bem e o mal, predominando um ao outro, segundo o grau de adiantamento da maioria dos que os habitam.

c) Mundos Superiores – a vida é por assim dizer toda espiritual.

II. Quanto ao estado em que se acham e da destinação que trazem:

a) Mundos Primitivos – destinados às primeiras encarnações da alma humana.

b) Mundos de Expiação e Provas – onde domina o mal (Terra).

c) Mundos de Regeneração – nos quais as almas que ainda têm o que expiar, haurem novas forças repousando das fadigas da luta.

d) Mundos Ditosos – onde o bem sobrepuja o mal.

e) Mundos Celestes ou Divinos – habitações de espíritos depurados, onde exclusivamente reina o bem.

Sob esta ótica, entende-se que espíritos que encarnam em um mundo não se acham a ele presos indefinidamente, nem nele atravessam todas as fases do progresso que lhes cumpre realizar, para atingirem a perfeição. Os mundos estão, também, sob a lei do progresso. Assim, conforme ensina Kardec, "se se pode conceber um lugar circunscrito de castigo (sofrimento), tal lugar é, sem dúvida, nesses mundos de expiação, em torno dos quais pululam espíritos imperfeitos, desencarnados à espera de novas existências que lhes permitam reparar o mal, auxiliando-os no progresso."

Como já afirmamos várias vezes nas páginas anteriores, a doutrina espírita nos ensina que, pelas Leis Cósmicas, a evolução – que se opera através da reencarnação – é a meta de todo espírito. Iguais no início, e criados *simples e ignorantes*, se diferenciam no roteiro ascensional, quando atingirão, um dia, a perfeição relativa, fruto do trabalho de cada um. Nesta empreitada, rumo à felicidade, uns avançam mais rapidamente, outros de forma mais lenta. Mas todos chegam lá. Enquanto imperfeitos não são capazes ainda, pelas próprias condições que apresentam, de habitar os *mundos felizes*, pois se sentiriam deslocados. Expiam seus equívocos nos mundos inferiores, purificando-se até que as condições psíquicas lhes permitam estagiar nos mundos mais elevados e, consequentemente, acelerar o processo de crescimento.

Todos, porém, atingirão a felicidade dos espíritos puros, e quando se afastam das Leis Naturais, nos períodos em que contrastam com elas, é apenas por tempo provisório; neste espaço, habitam, por necessidade de depuração, os mundos inferiores, pela própria condição que lhes é inerente no processo evolutivo. Tal é o método usado, nas nossas escolas iniciais, para com os alunos que não apresentam condições de aprovação para as séries seguintes: são colocados em grupos especiais para *reforço* ou *recuperação*, não como punição, mas, como recurso educativo para recolocá-los em condições de acompanhar a aprendizagem dos demais. Da mesma forma, a separação dos espíritos em mundos inferiores é recurso didático da Lei Divina, para que o infrator se depure, e volte aos trilhos normais, rumo à plenitude possível da felicidade.

O progresso do espírito

19.º – Como o espírito tem sempre o livre-arbítrio, o progresso por vezes se lhe torna lento, e tenaz a sua obstinação no mal. Nesse estado pode persistir anos e séculos, vindo por fim um momento em que a sua contumácia se modifica pelo sofrimento, e, a despeito da sua jactância, reconhece o poder superior que o domina.

O LIVRE-ARBÍTRIO É UM DOS atributos essenciais do espírito na escolha de seus atos bons ou ruins. Por ele, o espírito determina a própria conduta nas decisões a serem tomadas; por consequência, sem ele, o homem seria um autômato e sem nenhuma culpa pelos atos praticados, sejam eles bons ou maus. Saliente-se, todavia, que ele depende do grau de entendimento em que se encontra o espírito na trajetória evolutiva. Na fase inicial do processo, quando se inicia na *simplicidade* e na *ignorância*, o livre-arbítrio é quase nulo, ampliando, porém, pela evolução de sua consciência.

Detentor deste atributo da consciência, não é de se admirar que, de início, o progresso se torne lento e que a perseverança e a obstinação no mal seja um fato patente neste processo; assim, antes de recriminar a ação perpetrada no mal pelo ser em evolução, é preciso, primeiro compreender que essa é a mecânica do crescimento espiritual, não carecendo de castigos nem de punições externas. O que se denota, quase sempre, nas doutrinas religiosas é a ideia de punição pelos *pecados* cometidos. Ora, o erro é um requisito para se chegar ao acerto. As Leis Naturais ou Divinas são perfeitas e, tais como ímãs, atraem as criaturas que se desviam do caminho. A infelicidade que nos bate à porta é indício provável de que nos encontramos afastados da sintonia divina. Se estivermos em condições de *ouvir* a voz da consciência, menos mal; caso contrário continuamos a prática equivocada até que a dor, instrumento de educação – provisório – forçará o avanço da criatura pelos mecanismos próprios.

No momento em que se manifestam os primeiros vislumbres de arrependimento, as leis da consciência dão ao espírito o início da esperança, ou seja, o espírito se envolve de confiança para encetar o trabalho de modificação pessoal. Ninguém está órfão do amor de Deus, na condição de inferioridade que não possa progredir, ou esteja voltado para a eterna inferioridade.

Negar a possibilidade de progredir seria negar a lei do progresso, que, providencialmente, rege todas as criaturas. Aí, veja, leitor, a lógica que a doutrina espírita ensina, mostrando-nos que, pela reencarnação, se realiza a lei da evolução. Pode-se progredir muito materialmente, mas do ponto de vista espiritual, é muito curto o espaço de uma única existência, por mais longa que seja. Pense um pouco, sem qualquer espírito de sistema. Será que dá para alcançar a pureza plena de nossos potenciais, vivendo apenas alguns pares de anos? Reflita e pense!

Quando agimos ou reagimos de forma indevida, cometendo erros, falhas, deixando de cumprir deveres, naturalmente, por consequência, colhemos aflições, tribulações, problemas que caracterizam sofrimento em grau diverso de intensidade, correspondente à gravidade do erro ou de falha, e ao nosso conhecimento no momento de sua prática. Podemos assim, compreender melhor o que significa causa anterior das aflições (passado) e causa atual das aflições (vida atual), conforme consta em *O Evangelho segundo o Espiritismo*[1].

Pelo livre-arbítrio pode o espírito persistir anos e séculos na prática do erro, sofrendo as consequências do caminho escolhido. No entanto, pela força educativa do sofrimento, fatalmente, irá se modificar. Todos se modificam, se educam e encontram a felicidade pelo despertamento da consciência, reconhecendo o poder superior das Leis Maiores. O aguilhão da consciência, esse guardião da probidade adverte sempre, pelos mais diversos meios, a necessidade de mudar, para ser feliz. Isto não se constitui em privilégios de alguns por força de crença; é inerente a todos os seres. "Recordemo-nos de que no estágio evolutivo em que nos achamos ninguém existe sem débitos a resgatar. No entanto, não nos detenhamos na culpa. Usemos a caridade recíproca, e, com a liberdade relativa de que dispomos, ser-nos-á então possível edificar com Jesus, o nosso iluminado amanhã."[2]

Detectado o erro e tendo consciência da nossa história, precisamos começar um novo desenho da vida, o quanto antes, através da reabilitação, pela prática do bem, sem nos entregarmos ao desalento ou ao remorso. Lembremo-nos de que o arrependimento tem a função terapêutica, no sentido de nos conscientizar de que estamos em desequilíbrio com as Leis Divinas. É preciso, sem qualquer ato de autopunição, encorajarmo-nos ao início da tarefa da reabilitação, reparando prejuízos causados a outrem.

---

[1] KARDEC, Allan. *O Evangelho segundo o Espiritismo*, cap. V, itens 13 a 18.
[2] XAVIER, Francisco Cândido, pelo espírito Emmanuel. *Nós*, cap. 11.

Assim, nada de tristeza, de pensamento doentio; a qualquer momento, em qualquer lugar, pode se dar o *insight*, despertando-nos das falhas e dos erros. Se houver tempo ainda nesta existência, comecemos já a transformação. "O homem perverso que não reconheceu suas faltas durante a vida, sempre as reconhece depois da morte e, então, mais sofre, porque sente em si todo o mal que praticou, ou de que foi voluntariamente causa. Contudo, o arrependimento nem sempre é imediato. Há espíritos que se obstinam em permanecer no mau caminho, não obstante os sofrimentos por que passam. Porém, cedo ou tarde, reconhecerão errada a senda que tomaram e o arrependimento virá. Para esclarecê-los trabalham os bons espíritos e também vós podeis trabalhar."[3]

---

[3] KARDEC, Allan. *O Livro dos Espíritos*, Q. 994.

Deus jamais abandona a ninguém

20.º – Quaisquer que sejam a inferioridade e a perversidade dos espíritos, Deus jamais os abandona.

AO DIZER QUE "Deus jamais nos abandona", estamos, na realidade, expressando uma verdade irrefutável. Paulo, o apóstolo, para explicar essa vinculação, proclamou[1]: "Gravitar para a unidade divina, eis o fim da Humanidade." Podemos acrescentar ainda, que Deus jamais se ofende com suas criaturas. Detentoras do livre-arbítrio, os desvios, ou falso movimento das almas em relação às Leis Divinas, estão dentro dos planos naturais do processo de aprendizagem do espírito, rumo à perfeição. "Ele faz que o seu sol se levante sobre maus e bons, e envia chuva sobre os justos e injustos."[2] Daí, reafirmarmos que, não existe *castigo* e nem *perdão* nas regras divinas. Não castiga porque Ele é sempre *amor* e não *perdoa* porque não se ofende jamais. Cada um por si mesmo recebe "de acordo com suas obras"; e, o mais importante – atente para o detalhe – no limite do entendimento.

A imagem de um juiz severo e colérico, sentado em um trono, julgando seus filhos, em algum lugar do Universo, com todo respeito aos que ainda assim entendem, é de muita inocência. Deus não está distante, em lugar inacessível; Ele

---

[1] KARDEC, Allan. *O Livro dos Espíritos*, Q. 1009.
[2] Mateus, 5:45.

se faz presente em todas as criaturas. *Nunca* há possibilidade de sermos deserdados pelo Pai, embora seja este o conceito que as doutrinas dogmáticas de natureza judaico-cristãs têm ensinado aos seus seguidores; continuam ainda apregoando um Deus, como um ser que *pune* os pecadores, quando não, os sentencia para os sofrimentos eternos. Ao invés de punição externa de um Deus que é amor, após a compreensão da ação equivocada, a criatura, arrependendo-se, pelos mecanismos da consciência, repensa novas estratégias de suas atitudes, e aprende com os erros. Quer dizer: não há punição, mas sim, autoeducação. Ele está presente em todas as criaturas, sejam elas boas ou más, perfeitas ou imperfeitas. Lembremo-nos do alerta de Jesus, nos registros de Lucas: "O reino de Deus está dentro de vós."[3] Ora, somos portadores da potência divina em estado dormente, e cabe a cada um, pelo próprio esforço, o seu desabrochar.

Dizendo de outra forma, mas com a mesma essência, ratificando o texto de Lucas, Paulo, em Carta aos Coríntios, pergunta aos seus seguidores: "Não sabeis vós que sois o santuário de Deus, e que o Espírito de Deus habita em vós?"[4] Com isso, procura despertar o sentido, de que o reino de Deus não está *lá em cima*, como se convencionou no chamado "céu"; trata-se de uma construção íntima – quaisquer que sejam a inferioridade e a perversidade dos espíritos – quer acreditemos quer não. E nós, importante que se diga, nunca nos *desligamos* d'Ele, no sentido de rompimento da criatura com o Criador. Podemos, sim, e é isto o que costuma acontecer, estar *afastado* temporariamente, mas, apenas,

---

[3]   Lucas, 17:20-21.
[4]   1 Coríntios, 3:16.

por vibração. No entanto, saiba que todos, à medida do crescimento espiritual, aproximam-se, gradativamente, de Seu imenso Amor.

A respeito do assunto, questionados por Kardec, sobre onde está escrita a Lei de Deus, os espíritos superiores, responderam, sucintamente: *Na consciência*[5]. Somos, então, portadores, em nós mesmos, das Leis Divinas. Para estar de acordo com elas será suficiente estar atento aos conselhos da própria consciência. "Nada melhor revelam aquilo que as religiões denominam 'palavras de Deus', do que os valores que a razão, aprimorada encarnação após encarnação vai sedimentando na consciência do indivíduo."[6] Assim, a manifestação de Deus no plano humano se dá através da consciência, patrimônio que se constrói nos bilhões de anos de evolução, desde a criação do espírito, simples e sem conhecimento. Com a morte do corpo físico, ela nos acompanha em nossas experiências, quer estejamos no mundo espiritual, quer no mundo físico, pela reencarnação, no árduo caminho da evolução.

Temos, também, como nossos cooperadores, os espíritos amigos que participam, de certa forma, quando estamos encarnados, através da intuição, suscitando-nos os bons pensamentos, as ideias de progresso e a reparação das falhas cometidas, nas existências anteriores. Aliás, Kardec obteve dos interlocutores espirituais, quando questionados, "se os espíritos influem em nossos pensamentos e em nossos atos", como resposta: "Muito mais do que imaginais. Influem a tal ponto, que, de ordinário, são eles que vos dirigem."[7] Deve-se,

---

[5] KARDEC, Allan. *O Livro dos Espíritos*, Q. 621.
[6] MOREIRA, Milton Medran. *Direito e justiça*, p. 111.
[7] KARDEC, Allan. *O Livro dos Espíritos*, Q. 459.

contudo, entender essa resposta dos orientadores espirituais, não em sua literalidade, mas de forma relativa, já que essa interferência se faz quase sempre *ocultamente*, e de modo que não haja pressão, pois que o espírito deve progredir por impulso da própria vontade, nunca por qualquer sujeição. Caso contrário, onde estaria o livre-arbítrio? Recebe-se sugestão – boa ou má – dos espíritos, cabendo a cada um aceitar ou não. Se agirmos no bem, usufruiremos seus efeitos; persistindo no mal, sofremos as suas consequências pelo tempo que recalcitrarmos nele. Assim, podemos dizer que os espíritos, de ordinário, nos influenciam *naquilo que nos apraz*, ou seja: sempre temos as companhias a nos *influenciar* em nossos pensamentos. Poderíamos acrescentar: "Diga-me o que pensas, dir-te-ei quais são os teus amigos espirituais."

André Luiz nos retrata bem a ideia de que maneira funciona a Justiça Divina, no processo do arrependimento dos desacertos cometidos, quando encarnados, e da forma como somos tratados, no mundo espiritual; sempre haverá, após a compreensão do erro, a mecânica da expiação e reparação.

Meditei nos problemas dos caminhos humanos, refletindo nas oportunidades perdidas. Na vida humana, conseguia ajustar numerosas máscaras ao rosto, talhando-as conforme as situações. Aliás, não poderia supor, noutro tempo, que me seriam pedidas contas de episódio simples, que costumava considerar como fatos sem maior significação. Conceituara, até ali, os erros humanos, segundo os preceitos da criminologia. Todo acontecimento insignificante, estranho aos códigos, entraria na relação dos fenômenos naturais. Deparava-se-me, porém, agora, outro sistema de verificação de faltas cometidas. Não me defrontavam tribunais de tortura, nem me surpreendiam abismos infernais; contudo, benfeitores sorridentes comentavam-me as fraquezas como quem cuida de uma criança desorientada, longe das vistas paternais. Aquele interesse espontâneo, no entanto, feria-me a vaidade de homem. Talvez que, visitado por figuras diabólicas a me torturarem, de tridente nas mãos, encontrasse forças para tornar a derrota menos amarga. Todavia, a bondade exuberante de Clarêncio, a inflexão de ternura do médico, a calma fraternal do enfermeiro, penetravam-me fundo o espírito. Não me dilacerava o desejo de reação; doía-me a vergonha. E chorei. Rosto entre as mãos, qual menino contrariado e infeliz, pus-me a soluçar com a dor que me parecia irremediável. Não havia como discordar. Henrique de Luna falava com sobejas razões. Por fim, abafando os impulsos vaidosos, reconheci a extensão de minhas leviandades de outros tempos. A falsa noção da dignidade pessoal cedia terreno à justiça. Perante a minha visão espiritual só existia, agora, uma realidade torturante: era verdadeiramente um suicida, perdera o ensejo precioso da experiência humana, não passava de um náufrago a quem se recolhia por caridade.[8]

Considerando-se que, pela lei do progresso, todos, mais cedo ou mais tarde, poderão chegar à perfeição, não poderia o espírito inferior, sob essa alegação, negligenciar sua melhoria, deixando para *depois* a perseverança do bem? Afinal, a *porta larga* é mais convidativa, pois nada exige da criatura, a não ser *dolce far niente* (dolchê fár niênte)[9]. Muitas vezes, ouve-se de pessoas, ainda distantes do entendimento espiritual, "Que é muito cedo para se pensar neste negócio de religião". "Não estou ainda no momento de me pegar no rosário", se católico, ou, "Quando estiver mais velho", vou pensar nisso!... Não podemos crer nesses questionamentos,

---

[8] XAVIER, Francisco Cândido, pelo espírito André Luiz. *Nosso Lar*, p. 33-34.
[9] "De papo para o ar", ou então, como se fosse avenca que adora "sombra e água fresca".

pois, na verdade, o espírito inferior é alheio a essa mecânica da lei do progresso; mais adiante, acaba por compreender que é ele o artífice de sua felicidade. Que, para cessar a infelicidade, não pode continuar persistindo no mal. Se insurgir-se, após o conhecimento do fato, tem-se o sofrimento – acusado pela consciência – que se encarrega de despertá-lo para a realidade.

Diante desta lei, cai também a objeção extraída da presciência (antevisão) divina, pois Deus, criando uma alma, sabe efetivamente, que em virtude da concessão do livre-arbítrio, ela tomará a estrada do bem ou do mal, e que sofrerá as consequências, enquanto persistir no mal; mas sabe também que tal corretivo – aplicada a si mesma por força da lei - é temporário, e que é um meio que auxilia a compreender o erro e que, cedo ou tarde, entrará no bom caminho.

Ninguém sofre pelos erros alheios

21.º – A responsabilidade das faltas é toda pessoal, ninguém sofre por erros alheios, salvo se a eles deu origem, quer provocando-os pelo exemplo, quer não os impedindo quando poderia fazê-lo.

ENCONTRAMOS NOS TEXTOS BÍBLICOS, certas afirmações que, se levadas ao *pé da letra*, nos conduziriam, fatalmente, à conclusão de um Deus injusto e parcial. Ainda bem que os livros considerados *sagrados*, embora tenham, na essência, inúmeras mensagens em que seus escritores, inspirados, expressaram a Lei Divina, outras, contudo, devem ser atribuídas aos próprios homens. Como de inspiração divina, temos, principalmente aquelas contidas no Novo Testamento; neste, os ensinamentos de Jesus – ficando, apenas com a parte moral, como fez Kardec, na elaboração de *O Evangelho segundo o Espiritismo*, por serem as outras partes objetos de controvérsias – são expressões das Leis Cósmicas, independentes de crença, cor, ou povo, por serem universais. Agora, levar como *Palavra de Deus*, tudo que ali está escrito, de capa a capa, é colocar Deus no mesmo patamar de entendimento dos homens, o que é impossível!...

Assim é que, dadas as contradições constantes nos textos considerados *sagrados* – repita-se, pois foram escritos por homens – nem sempre expressando as Leis Divinas, encontramos disparates quanto à ideia errônea de que "os

O CÓDIGO PENAL DOS ESPÍRITOS | 135

filhos pagam pela maldade dos pais". Vejamos, apenas algumas passagens:

> "Preparai a matança para os filhos por causa da maldade de seus pais, para que não se levantem e possuam a Terra..." (Isaías, 14:21).
> "Pois eu, o Senhor teu Deus, sou Deus zeloso, que visito a maldade dos pais nos filhos até a terceira e quarta geração." (Êxodo, 20:5).
> "Ao culpado não tem por inocente; castiga a iniquidade dos pais sobre os filhos dos filhos até a terceira e quarta geração..." (Êxodo, 34:7).
> "Pois eu, o Senhor teu Deus, sou Deus zeloso, que visito a maldade dos pais nos filhos até a terceira e quarta geração." (Dt. 5:9).

Analise como o texto é contraditório, pois, vamos encontrar em Ezequiel; "O filho não levará a maldade do pai, nem o pai levará a maldade do filho" (18:20). E o próprio Livro do Deuteronômio, prescreve: "Os pais não serão mortos pela culpa dos filhos, nem os filhos pela culpa dos pais; cada qual morrerá pelo seu pecado." (24:16). E daí, como fica a *Palavra de Deus*? É óbvio que a palavra é dos homens!... Na Justiça Divina cada um responde por si mesmo... O pecado original que, segundo a interpretação judaico-cristã, nós o carregamos pela culpa de nossos antecessores, não tem qualquer sustentação lógica! Daí o afirmarmos que não existe castigo (aliás, nem perdão), pois, ninguém responde pelos erros dos outros...

A construção do patrimônio espiritual é trabalho pessoal, sem transferência. Medran,[1] sobre o assunto, ensina

---

[1] MOREIRA, Milton Medran. *Direito e justiça*, p. 111.

com sabedoria: "A presença divina no plano humano se dá, eloquentemente, através da consciência individual e coletiva. Esta, que não é material, que jamais foi localizada pelos fisiologistas nos escaninhos do cérebro, é o precioso patrimônio que herdamos, após bilhões de anos de evolução. Que nos acompanha após o episódio da morte física e nos impulsiona a novas experiências na carne, na busca constante do aprendizado e do progresso." Por isso, Jesus não tirou os *pecados do mundo* e nem *morreu por nós*. Melhor é dizer, que ele *viveu por nós*, dando-nos exemplos, e ensinando-nos o caminho da Vida. Afirmou ele: "... Eu vim para que tenham vida, e a tenham em abundância. Eu sou o bom pastor e dou a vida para minhas ovelhas."[2]

"Ninguém sofre pelo erro dos outros", temos que ressalvar, todavia, dois casos, citados por Kardec, em *O Céu e o Inferno*: um, referindo-se àquele que o espírito induz o outro a praticá-lo, como no caso daquele que por maldade impele alguém à prática do suicídio; segundo, em que, *por omissão*, não impede, quando poderia fazê-lo, como consta na questão 642, de *O Livro dos Espíritos*, "pois cada um responderá por todo o mal que tiver ocorrido por causa do bem que deixou de fazer." Nestes dois casos, o espírito sofrerá as consequências maiores, quando, no devido tempo, for *acordado* pela consciência.

Na Terra, o juiz decreta o afastamento do delinquente do convívio da sociedade, acarretando, por consequência, na sua prisão, pelo crime praticado. No mundo íntimo, o juiz está na consciência de cada um, que pelo despertar do remorso, leva, infalivelmente, o infrator ao sofrimento educativo – nunca castigo – a até que um dia, pelo

---

[2] João. 10:10-11.

O CÓDIGO PENAL DOS ESPÍRITOS | 137

arrependimento, venha a depurar e reparar o mal causado ao semelhante. Esse sofre a maior pena. Neste caso, podem ocorrer, ainda, as penosas obsessões, que, os espíritos desencarnados, nestas condições, podem impor ao infrator. Na Lei Divina, nada fica impune, por menor que seja o crime praticado, havendo sempre consequências, mas de acordo com o grau de evolução e conhecimento.

Hilário, aprendiz, junto com André Luiz, ouve, atentamente, a narração de Silas sobre sua vida, quando encarnado, e, a certa altura, alega a necessidade de encontrar a madrasta – a quem causara a morte – nas regiões espirituais, para desenovelar o seu terrível drama e *começar de novo* a empreitada do reajuste. Hilário dirigiu-se então a Silas, questionando-o:

— E os benfeitores espirituais que atualmente lhe guiam a senda? Não conhecerão eles o paradeiro dela (a madrasta) orientando-lhes os movimentos no objetivo a alcançar?

— Inegavelmente – ponderou Silas, bondoso – nossos instrutores não padecem a ignorância que me caracteriza no assunto, e complementa:

Entretanto, tal qual ocorre entre os homens, também aqui o professor não pode chamar a si os deveres do aluno, sob pena de subtrair-lhe o mérito da lição. Na Terra, por muito nos amem, nossas mães não nos substituem no cárcere, quando devemos expiar algum crime, e nossos melhores amigos não podem avocar para si, em nome da amizade, o direito de sofrer a mutilação que a nossa imprudência nos tenha afligido ao próprio corpo. Sem dúvida as bênçãos de amor dos nossos dirigentes hão trazido à minhalma inapreciáveis recursos... Conferem-me luz interior para que eu sinta e reconheça minhas fraquezas e auxiliam-me a renovação, a fim de que eu possa demandar, com mais decisão e facilidade, a meta que me proponho atingir... mas,

138 | José Lázaro Boberg

em verdade, **o serviço de meu próprio resgate é pessoal e intransferível...** (Grafamos).[3]

O segundo caso, o do erro praticado pelos outros, mas que respondemos como se tivera praticado; é o da omissão, quando poderíamos impedir a prática de um ato prejudicial pelo nosso semelhante – um suicídio, por exemplo – e, voluntariamente, não o fazemos. Atentemo-nos para a advertência de Emmanuel: "Toda deserção do dever a cumprir traz consigo o arrependimento que, alentado no espírito, se faz acompanhar de resultantes atrozes, exigindo, por vezes, demoradas existências de reaprendizado e restauração." [4] Se entre os homens, nas mãos de um perito defensor, pode-se *escapar* da condenação, pela omissão, do ponto de vista espiritual, não. O culpado, pela omissão, sente as consequências do ato, cujo julgamento e sentença são sempre decretados pelo tribunal da consciência. Esta, no momento certo, visita-nos pelo remorso, que é o precursor imediato do arrependimento, se já não é o próprio arrependimento. Desperto este, vem, por consequência natural, a expiação e a reparação. É por essa razão que Jesus nos recomendou "a reconciliação com os nossos adversários, enquanto nos achamos no caminho com eles". Enquanto não zeram as últimas consequências do erro, permanece-se em débito. "De lá não sairás enquanto não pagares o último ceitil", disse Jesus[5]. Ou, no dizer de Kardec, só a reparação pode *anular* o efeito destruindo-lhe a causa.

---

3 XAVIER, Francisco Cândido, pelo espírito André Luiz. *Ação e reação*, lição 9.
4 XAVIER, Francisco Cândido, pelo espírito Emmanuel. *Pensamento e vida*, p. 105-106.
5 Mateus, 5:25-26.

Consequências mais ou menos idênticas

22.º – Conquanto infinita a diversidade de punições, algumas há inerentes à inferioridade dos espíritos, e cujas consequências, salvo pormenores, são mais ou menos idênticas.

COMO A IMPLICAÇÃO DA PRÁTICA de determinadas ações, em desconformidade com o Código Divino, é sempre pessoal, e dependente de uma série de fatores – grau evolutivo, as circunstâncias próprias do ato, as agravantes e atenuantes etc. – teremos, então, as mais diferentes consequências, cominadas por nós mesmos, quando do despertar da consciência, atinente para aquela faixa de entendimento. Isto quer dizer: um mesmo delito será detectado pela consciência em épocas diferentes, relativo à maturidade de cada ser. O que hoje, em uns, desperta "remorso" pela prática de determinado ato irregular, em outros, em razão da insensibilidade, nada acontece, pois, ainda não têm a percepção de que aquilo se constitui uma ação ilícita, ou discordante das Leis Maiores.

No entanto, pode-se afirmar, pela observação dos fatos do dia a dia, que algumas consequências de equívocos em nossas ações (dor, sofrimento, ansiedade, angústias etc...) são mais imediatas e inerentes à inferioridade dos espíritos e ocorrem quase sempre da mesma forma, salvo alguns detalhes. Podemos destacar, por exemplo, a consequência mais imediata àqueles que ainda se encontram chumbados ao mundo material; alheios à inflexível lei do progresso a que todos, imperiosamente, estão sujeitos, quer sejam conhecedores ou não. Sabe-se que o progresso é pessoal, mas ele se realiza de forma diferente, em cada criatura. Assim, podemos relacionar as dores que ocorrem no momento da desencarnação, com características mais ou menos idênticas, salvo algumas nuanças diferentes, em relação àqueles que são apegados aos bens da matéria, negligenciando o progresso espiritual. Nestes, a separação dos laços espirituais é mais lenta e se manifesta acompanhada de angústia e perturbação, que podem persistir por meses e anos. Nas comunicações mediúnicas, muitos espíritos se manifestam emocionalmente revoltados com a família, por depauperar os seus bens, o que lhes se acarreta angústia e perturbação. Muitos desses espíritos ficam, psicologicamente, presos aos bens – que, na realidade, já não possuem mais – por um longo período, não conseguindo se desligar dos objetivos que idealizavam, que eram fazer fortuna. Na realidade, não conseguem entender bem a sua situação de desencarnado, pois, *pensam* ainda estar no corpo físico.

Contou-nos um amigo (não sei se é verídico ou não) o caso de um cidadão que fizera fortuna no comércio, e sempre estivera à frente, ele mesmo, de todos os negócios de uma loja, confiando, de forma velada, a administração apenas aos filhos, mas sempre, de perto, sob sua vigilância, na conferência de todos os resultados. Passara a vida toda preso ao patrimônio, não se afastando do negócio, nem para o descanso das merecidas férias do refazimento necessário. Acamado, prestes a desencarnar, com os familiares ao redor, mas vinculado obsessivamente aos negócios, quase nos últimos suspiros, em certo momento de lucidez, vendo que todos os filhos ali estavam presentes, questiona, em tom de desespero: "Quem ficou no caixa?" Se é verdade ou não esse fato, pouco importa. Mas casos semelhantes podem acontecer, se ainda não entendermos que somos apenas *mordomos* dos bens conquistados e que aqui ficam. O que levamos, ao desencarnar, são apenas as nossas conquistas espirituais e morais.

Saliente-se, entretanto, que, para os espíritos mais evoluídos que já se acham identificados com a vida espiritual, ao se desligarem da vida material, a passagem é mais rápida, sem crises, quase como o acordar de um sono reparador. Deixa-se o corpo físico sem o perceber: é como uma lâmpada que se apaga por falta de energia. Kardec[1], assim resume: "Em uns é bastante rápida, podendo dizer-se que o momento da morte é mais ou menos o da libertação. Em outros, naqueles, sobretudo cuja vida foi toda *material* e *sensual*, o desprendimento é muito menos rápido, durando algumas vezes dias, semanas, meses e até anos." A afinidade do espírito com o corpo físico é diretamente proporcional à importância que, durante a vida, deu à matéria. Quanto mais o espírito se identifica com as coisas materiais, mais penosa é a sua separação; porém àqueles, cujas atividades são voltadas para a vida moral e intelectual, a elevação dos pensamentos opera um começo de desprendimento já durante a vida do corpo, de modo que, em chegando a morte, ela é quase instantânea.

Nesta linha de raciocínio, Kardec, questiona os seus interlocutores:

Q. 164. A perturbação que se segue à separação da alma

---

[1] KARDEC, Allan. *O Livro dos Espíritos*, Q. 155.

O código penal dos espíritos | 143

do corpo é do mesmo grau e da mesma duração para todos os espíritos? Ao que eles arrematam:

"Não; depende da elevação de cada um. Aquele que já está purificado se reconhece quase imediatamente, pois que se libertou da matéria antes que cessasse a vida do corpo, enquanto que o homem carnal, aquele cuja consciência ainda não está pura, guarda muito mais tempo e impressão da matéria."

Acreditam estar vivos

23.º – Um fenômeno mui frequente entre os espíritos de certa inferioridade moral é o acreditarem-se ainda vivos, podendo esta ilusão prolongar-se por muitos anos, durante os quais eles experimentarão todas as necessidades, todos os tormentos e perplexidades da vida.

DA LARGADA INICIAL, de simples e ignorantes, com a aptidão para o progresso, o espírito, em virtude do livre-arbítrio, caminha incessantemente na conquista de novos conhecimentos, novas faculdades, novas percepções. Assim, dependendo do seu grau de evolução e de conhecimento, é normal que os mais atrasados não possuam o pleno discernimento sobre a mecânica da Vida. De sorte que é frequente os espíritos, com certa inferioridade moral, quando ultrapassam as barreiras do sepulcro, acreditarem que ainda *estão vivos*. No entanto, tudo é *provisório*; apenas uma ilusão sob a ótica do entendimento do espírito, porque, posteriormente, com maior grau de maturidade espiritual, passam a enxergar de forma diferente; afinal, todos estão predestinados à plenitude do progresso!...

À primeira vista, os desavisados logo concluem que o parâmetro para esse discernimento seria o grau de cultura acadêmica adquirida. Até certo ponto isso colabora, mas, não como regra absoluta. "O progresso moral decorre do progresso intelectual, mas nem sempre o segue imediatamente."[1] Muito embora seja importante o aprimoramento intelectual, é fundamental, o desenvolvimento do amor, em que se levam em conta os valores éticos e morais adquiridos pela alma na sua rota de crescimento. Por isso, alerta-nos o Espírito de Verdade: "Espíritas, amai-vos, eis o primeiro ensinamento; instruí-vos, eis o segundo."[2] Assim, muitas vezes, encontramos pessoas letradas, totalmente refratárias às verdades espirituais, enquanto outras, de poucos recursos intelectuais, são campeãs de moralidade. Isto nos revela que o que está em jogo não é o grau cultural – embora importante – mas sim, o estado de moralidade.

Enquanto o espírito não desenvolveu a convicção na vida futura, enxergando, apenas esta existência terrena, fica difícil lutar por algo em que não acredita, ou melhor, que ainda, não compreende. Daí, por que se preocupar com as consequências do porvir? Neste grau de desenvolvimento, o espírito, após a desencarnação, fica aturdido, sem nada saber discernir, quando se defronta com outra realidade, mas continua pensando, sentindo fome, frio, sede, dor..., tudo igual quando estava no corpo físico. Por isso, é normal, nestas condições, acreditar que, ainda continua "vivo". Dependendo do grau de inferioridade do espírito, esta ilusão pode se prolongar por muitos anos. Neste ínterim, experimenta todas as necessidades que sentia quando encarnado, bem como as aflições e perplexidades da vida. Daí, o desespero daqueles que, fraquejando diante dos problemas,

---

[1] KARDEC, Allan. *O Livro dos Espíritos*, Q. 780.
[2] KARDEC, Allan. *O Evangelho segundo o Espiritismo*, cap.VI, item 5.

tornam-se desertores da vida, fugindo pelas portas do fundo, buscando a solução ilusória no suicídio.

Na mecânica cósmica de aprendizagem ninguém se perde, há sempre oportunidade de reparação dos descaminhos, no momento certo, e por força da própria vontade; tudo que cometemos – certo ou errado – está gravado em nossa consciência. A solução é procurar reparar os atos falhos cometidos, desfazendo-nos, no presente, de nossos equívocos. Neste contexto, lembremo-nos, contudo, de que o perdão não é uma concessão externa, mas, um ato da própria consciência, que se expressa mediante a reabilitação diante da Lei. Não há perdão gratuito. Cada ser, pela própria consciência articula a sua absolvição, pela correção dos "desvios". Quanto mais se recalcitra no erro, mais tempo demora o sofrimento. Se tivermos oportunidade de começar ainda hoje a correção, não adiemos. Talvez amanhã, as oportunidades não sejam iguais às de hoje.

Feitas essas considerações, trazemos, a título de exemplo, uma narração de André Luiz. Reporta o caso de uma jovem, recém-desencarnada, atendida pela equipe de socorro na colônia espiritual, e que, psicologicamente, acreditava "ainda estar no corpo" físico. Rogava ela:

– Não me deixem morrer... Não me deixem morrer!...

Mostrando-se presa na lembrança dos momentos derradeiros no corpo terrestre, de olhos, torturantes e lacrimosos, avançou para Silas, exclamando:

– Padre! Padre, deixa cair sobre mim a bênção da extrema-unção; contudo, afasta de minh'alma a foice da morte!... Tentei apagar minha falta na fonte da caridade para com os desprotegidos da sorte, mas a ingratidão praticada com minha mãe, fala muito alto em minha consciência infeliz!...

O código penal dos espíritos | 147

A pobre infeliz, em profundo remorso, conta que abandonara a mãe em extrema miséria, para conviver com um homem vaidoso que havia desposado, expulsando-a de casa. A mãe, primeiro, atriz humilde, depois no rude labor doméstico a criara, sem a ajuda do pai que a abandonara, com imensa doçura. E ainda para elevar-se no conceito do homem que desposara, mentiu que ela não era sua mãe, apontando-a como ladra comum que a roubara ao nascer!... E agora lhe vem, martelando na tela mental, a cena da mãezinha em olhar de dor e compaixão, despendido, sem queixa e sem qualquer reação, contemplando-a, tristemente, com os olhos túrgidos de chorar![3]

A jovem se apresentava nas condições de tortura mental, seu sofrimento era tão intenso, que chorava arrependida das lembranças que lhe corroíam a alma. E o desequilíbrio emocional era tanto, que não sabia que já desencarnara... Nesta condição desesperadora, rogava ao instrutor, Silas – **Não me deixem morrer... Não me deixem morrer!**...

Kardec ensina que: "No momento da morte, tudo é inicialmente confuso; a alma necessita de algum tempo para se reconhecer. Ela fica atordoada, semelhante à situação de uma pessoa que desperta de um profundo sono e procura se dar conta da situação. A lucidez das ideias e a memória do passado voltam à medida que se apaga a influência da matéria da qual acaba de se libertar e à medida que se vai dissipando uma espécie de névoa que obscurece seus pensamentos."[4] A perturbação varia de pessoa para pessoa, em razão de seu caráter e, principalmente, com o gênero de

---

[3] XAVIER, Francisco Cândido, pelo espírito André Luiz. *Ação e reação*, lição 4
[4] Sugerimos ao leitor refletir sobre a "perturbação espiritual", nos comentários de Kardec, no final do capítulo III, Parte 2, de *O Livro dos Espíritos*.

morte, seja num hospital, em plena guerra ou cataclismo, acidentes naturais, na miséria material, por falência múltipla dos órgãos etc.

Vendo as vítimas do crime

24.º – Para o criminoso, a presença incessante das vítimas e das circunstâncias do crime é um suplício cruel.

DIZ-SE NUM DITADO popular que "O criminoso volta sempre ao lugar do crime". Do ponto de vista espiritual, trata-se de uma verdade irrefutável, pois o infrator das Leis Cósmicas tem como suplício cruel, a cena dos atos praticados contra a vítima, bem como as circunstâncias em que eles ocorreram. "Cada ser está jungido, por impositivos da atração magnética, ao círculo que lhe é próprio."[1] Pela reencarnação, em geral, permanecem no mesmo grupo, as pessoas que delinquiram e necessitam de se reagruparem para os *acertos* de seus dramas pessoais. Lembremo-nos, entretanto, de que toda ação boa ou má fica gravada na consciência de cada um, e a cura dos males só se realizará, em sua totalidade, após a eliminação de todos os resquícios dos males praticados. Assim, o devedor está vinculado pela consciência ao lugar do crime, que está dentro dele mesmo!... É neste sentido, conforme já salientamos, que o Mestre alertou: "De lá não sairás enquanto não pagares o último ceitil."[2] Isto quer dizer que: enquanto não se eliminam todos os vestígios de culpa impregnados na alma, o espírito não se liberta e se distancia da paz.

---

[1] XAVIER, Francisco Cândido, pelo espírito André Luiz. *Ação e reação*, lição 1.
[2] Mateus, 25:26.

"Cair em culpa demanda, por isso mesmo, humildade viva para o reajustamento tão imediato quanto possível de nosso equilíbrio vibratório, se não desejamos o ingresso inquietante na escola das longas reparações."[3] O sentimento de culpa, com o tempo, bate à porta da consciência por meio do remorso purificador. Kardec coloca como indispensáveis, para *apagar* os traços de uma falta e suas consequências, três elementos: *arrependimento, expiação* e *reparação*. Tal correção, quando não realizada na existência atual, deverá ser feita na futura, ou futuras existências. Não se trata de punição, convém ratificar, mas da educação da alma.

Atente-se, ainda, que, pela vibração de nossos pensamentos, estamos sempre ligados aos espíritos, aos quais praticamos algum crime. Mata-se o corpo, mas não se mata a alma. Sabe-se que a morte do corpo não leva à morte do espírito, já que este é imortal. Assim, quando se mata o adversário, tão somente se livra de sua presença física, pois, pelos laços do ódio, a vítima pode perseguir o inimigo, mesmo depois de ter deixado a Terra. Estando no mundo espiritual, as vítimas podem perseguir o criminoso, manifestando-se através de obsessões e subjugações que podem perdurar por longo tempo, sob a capa de estar agora invisível aos olhos do seu inimigo, caso não seja um espírito mais elevado moral e espiritualmente.

Consta que o fanático que desferiu um tiro, ceifando a vida do grande estadista estadunidense Abraham Lincoln, num teatro, foi recebido por este no mundo espiritual com infinita ternura. Eu teria este gesto de perdão? Tenho certeza de que minha resposta seria um **não!** Sem ser indiscreto:

---

[3] XAVIER, Francisco Cândido, pelo espírito Emmanuel. *Pensamento e vida*, lição 22.

– E qual seria a sua conduta, caso estivesse no lugar do advogado e político dos EUA, hein?!

Vejamos, resumidamente, alguns casos em que os criminosos, continuaram em agonia cruel, com a presença obsessiva de suas vítimas, ou pelo menos na tela consciencial:

1. O caso Zulmira

Zulmira tendo desposado Amaro, viúvo e pai de um casal de filhos – Evelina e Júlio – era perseguida por Odila, primeira esposa já desencarnada, e dolorosamente transfigurada pelos ciúmes do marido. Presenciara a morte do pequeno Júlio por responsabilidade indireta de Zulmira." ... ambas se digladiam, num conflito de morte, inacessível aos olhos humanos comuns. Zulmira, envolta em escura onda magnética, não via Odila, mas sentia sua presença incessante, causando-lhe agonia, que lhe infernizava a mente.[4]

2. O caso Ernesto Fantini

Ernesto Fantini fora homicida e desde o fatal instante ficou preso pelo sentimento de culpa e pelo remorso, que permanecia, mesmo após a desencarnação. Afirma ele, em desespero: Passados 20 anos que matara o amigo e nunca mais tive paz... O esquecimento jamais veio para mim... Passei a sentir-lhe a presença no lar, que me ironiza e insulta sem que os outros percebam...Reconheço-me algemado a ele, como se o infeliz estivesse mais vivo e mais forte, a cada dia... Rara a noite que não lutava com ele em sonhos...[5]

---

[4] XAVIER, Francisco Cândido, pelo espírito André Luiz. *Entre a Terra e o Céu*, cap. III, p. 20.
[5] XAVIER, Francisco Cândido, pelo espírito André Luiz. *E a vida continua...* Cap. 11.

O CÓDIGO PENAL DOS ESPÍRITOS | 153

3. O caso Verger

Verger, a 3 de janeiro de 1857 assassinara o Mons. Sibour, arcebispo de Paris, ao sair da Igreja de Sait-Etienne-du-Mont. Foi condenado à morte e executado. Evocado, em reunião, responde: 10. Vedes vossa vítima? R – (...) Também me parece ver uma multidão de espíritos a rodear-me, olhando-me compadecidos... E falam-me, mas não os compreendo.[6]

11. Entretanto, entre esses espíritos há talvez um cuja presença vos humilha por causa de vosso crime, responde: R. – Dir-vos-ei que há apenas um que me apavora – o daquele a quem matei.[6]

4. O caso Jacques Latour

Assassino condenado pelo júri de Foix e executado em setembro de 1864, em reunião íntima, manifesta-se demonstrando o seu profundo arrependimento pelo crime que praticara. Sofrendo as agruras de assistir ao filme de seus erros, manifesta ele, desesperadamente, entre outras coisas:

"Que vale a guilhotina comparada a este sofrimento de agora? Nada! – é um instante. Este fogo que me devora, sim, é pior, porque é uma morte contínua, sem tréguas nem repouso... sem-fim!... E as minhas vítimas, ali estão ao redor, a mostrar-me os ferimentos, a perseguir-me com seus olhares... Aí estão, e vejo-as todas... todas... sem poder fugir-lhes! E este mar de sangue?! Ei-las que imploram, as pobres vítimas, e eu a feri-las sempre... sempre... impiedosamente!... Acreditava que depois da morte tudo estaria terminado, e assim foi que afrontei o suplício

---

[6] KARDEC, Allan. *O Céu e o Inferno*, cap. VI, 2.ª parte.

e afrontei o próprio Deus, renegando-O!... Entretanto, quando me julgava aniquilado para sempre, que terrível despertar... oh! sim, terrível, cercado de cadáveres, de espectros ameaçadores, os pés atolados em sangue!!... Acreditava-me morto, e estou vivo! Horrendo! Horrendo! Mais horrendo que todos os suplícios da Terra! ..."[7]

Pelos casos descritos, percebe-se que o grande suplício para o criminoso é a presença incessante das vítimas e das circunstâncias do crime. E mais, que não há punição externa no chamado inferno. Pune-se a si mesmo, quando se infringe a Justiça Divina, que funciona no foro íntimo de cada criatura, graduada a responsabilidade dentro do limite do conhecimento... Ressalte-se que a autopunição, aqui referida, se expressa em remorsos, tristezas, angústias etc., tudo por tempo provisório.

---

[7] KARDEC, Allan. *O Céu e o Inferno*, cap. VI, 2.ª parte.

Atormentados pela ignorância

25.º – Espíritos há mergulhados em densa treva; outros se encontram em absoluto insulamento no Espaço, atormentados pela ignorância da própria posição, como da sorte que os aguarda.

A LEI DIVINA É IGUAL PARA TODOS, sem qualquer discriminação. Por este motivo a consciência – onde funciona a Justiça Eterna – reflete a treva ou a luz de nossas criações mentais. Quando emana luz, a visão se nos aclara, descortinando-nos caminhos. Se nossa consciência, porém, estiver envolta nas trevas – escuridão mental criada por nós mesmos – nos tornamos cegos, e nos algemamos no cárcere de nossa ignorância. Assim, estar *mergulhado* em densa treva é estar respirando no hálito mental de criações inferiores, fruto de opções erradas, cujos *alertas* – quando estamos operando em caminhos equivocados – são *disparados* pela consciência. Na realidade, não existe localização absoluta de regiões próprias de ressarcimento de desvios praticados. Tudo se passa no plano mental do espírito.

Quando a consciência dominada pelo remorso exterioriza *formas-pensamentos* negativas, cria em torno de si sombras escuras. Por não saber definir bem essa sensação de sofrimento, os espíritos, nas comunicações, dizem estar nas *trevas*, e isto provém da tendência em materializar e circunscrever as coisas, cuja essência não é ainda capaz de compreender. Dir-se-ia no linguajar judaico-cristão, que nesta condição, a criatura, por ter pecado muito contra Deus

O CÓDIGO PENAL DOS ESPÍRITOS | 157

está padecendo nas trevas. Na realidade, repetimos, são criações mentais que se manifestam, quer estejamos no corpo físico, quer no mundo espiritual. O problema não é de estar no corpo, ou fora dele: é questão de *consciência*. Estando, porém, desencarnados, desconhecedores das Leis Divinas, e algemados às ideias da pena eterna, podem os espíritos, realmente, pensar que estão nas *trevas*, local estabelecido, alegoricamente, para a punição divina.

Entendamos, no entanto, que a Lei Divina, independente de crença, é universal. É a única verdadeira para a felicidade do homem. Quando a criatura se *afasta* dela, em razão dos seus eventuais equívocos, se torna infeliz, permanecendo assim, até que, pelo despertar, retorne à trilha do bem. Toda ação má reflete na carência de conhecimento do espírito em evolução. Não se erra por prazer. Pelo livre-arbítrio fazemos constantes *escolhas*, e, às vezes, pela ignorância de entendimento, escolhemos mal as nossas decisões. Escolhas más trazem consequências que precisam ser corrigidas para o retorno à rota do bem. Quando conhecermos a verdadeira dimensão da Justiça Divina, jamais iremos contra ela, pois, em última análise, estaremos agindo contra nós mesmos. Disparado o gatilho contra a Lei Natural – gravada na própria consciência – arcaremos com as consequências, e teremos, pelos nossos esforços, que suportar o sofrimento que nos é inerente; e será sempre proporcional aos danos causados. Mas, deixe-se bem claro, repetindo mais uma vez, o erro é fruto de carências espirituais, ou seja, falta de compreensão do ato praticado. E como a Lei Divina é amor, não haverá punição, e sim oportunidade de correção.

Há espíritos – conforme as comunicações mediúnicas – que ultrapassam a barreira do túmulo tão atormentados pela ignorância que se encontram psiquicamente em absoluto insulamento; e nada preveem quanto à sorte que os aguarda. Caminham, caminham e nada encontram, a não ser a solidão. Sentem-se como se tivessem sido abandonados pela Providência Divina. Como a visão de vida pós-morte não foi muito clara para essas criaturas quando encarnadas, pois só se preocuparam com o mundo objetivo, agora se imaginam perdidas de todos e de si mesmo. Todas essas sensações de total insulamento se passam no mundo mental, uma vez que: "Todos somos compulsoriamente envolvidos na onda mental que emitimos de nós, em regime de circuito natural."[1] Os mentores espirituais esperam o *momento certo* para que esses espíritos despertem, e assim, possam ser acolhidos para o tratamento espiritual; afinal, ninguém está abandonado...

André Luiz, em situação análoga no plano espiritual, nos relata que, quando as energias lhe faltaram, e se sentiu absolutamente colado ao lodo da Terra, sem mais forças para se reerguer, implorou ao Senhor da Vida, que estendesse Suas mãos paternais, diante daquela situação tão desesperadora e amarga. "Ah! É preciso haver sofrido muito para entender todas as misteriosas belezas da oração; é necessário haver conhecido o remorso, a humilhação, a extrema desventura, para tomar com eficácia o sublime elixir da esperança. Foi neste instante que ouviu a voz paternal de um emissário dos Céus, que lhe acolhe, paternalmente e fala: – Coragem, meu filho! O Senhor não te desampara."[2]

No geral, mesmo após o socorro pela equipe de

---

[1] XAVIER, Francisco Cândido, pelo espírito Emmanuel. *Pensamento e vida*, lição 10.
[2] XAVIER, Francisco Cândido, pelo espírito André Luiz. *Nosso Lar*, lição 2.

atendimento, só depois de muito tempo, o espírito encontra-se em condições emocionais para contatar com os entes queridos, que lhes antecederam na morte do corpo físico. O mesmo André Luiz questiona Lísias, orientador espiritual quanto à ausência de sua mãe, que até então não dera sinal de vida. Ao que respondeu o mentor: – "Sua mãe o tem ajudado dia e noite, desde que a crise antecipou sua vinda. Intercedeu, muitas vezes, em Nosso Lar, a seu favor. Rogou os bons ofícios de Clarêncio que começou a visitá-lo frequentemente, até que o médico da Terra, vaidoso, se afastasse um tanto, a fim de surgir o filho dos Céus."[3]

Outra situação de sofrimento que manifesta o espírito, atormentado pela ignorância, é que todos, geralmente, passam com intensidade relativa pelos males, pelas dores e privações que a outrem ocasionaram. Sentem em si tudo aquilo que fizeram seus irmãos de jornada sofrer. Yvonne do Amaral Pereira (acompanhada pelo espírito Bezerra de Menezes) visita região inferior, criada mentalmente por emanação fluídica das próprias entidades comprometidas com o erro e totalmente desajustadas perante a Lei Divina. À chegada ao local, um dos prisioneiros daquela região, fala, em tom de desespero[4]:

> – Tenho fome! Por que não me trazem um verdadeiro almoço?... Oh! Há quanto tempo não posso comer!
> Lágrimas lhe corriam dos olhos. O infeliz, materializado ainda, e espiritualmente desajeitado e tardo, realmente sofria o suplício da fome!
> Yvonne, comovida com a cena, corre à cozinha (também

---

[3] XAVIER, Francisco Cândido, pelo espírito André Luiz. *Nosso Lar*, lição 7.
[4] PEREIRA, Yvonne. *Devassando o invisível*. Resumo do relato, p. 92-95.

criada pelo trabalho mental da entidade espiritual encarregada pela vigilância dos espíritos sofredores, e que, certamente, quando encarnada, teria sido escrava ou serviçal encarregada de cozinhas terrenas) e solicita à serviçal encarregada da prestação caridosa, naquela região, um prato de comida para servir àquela entidade.

É entregue o prato com almoço belo e magnífico, com legumes cheirosos ao infeliz. "Subitamente, porém, repudiou o prato com asco e horror, arremessando-o ao longe, e entrou a chorar e a lamentar-se entre uivos e imprecações de verdadeiro réprobo. Sem nos poder eximir a uma forte impressão de assombro, verificamos que os apetitosos legumes haviam desaparecido do prato, mas que, em seu lugar, espalhados em torno, viam-se postas de carne humana, línguas, mãos, dedos, orelhas, corações, pés, cabeças etc!"

A serviçal explica que: – "São recordações de caliginoso passado, alimentadas por cruciantes remorsos, que os levam a encontrar vestígios de suas vítimas onde quer que estejam e em tudo o que veem e fazem, sob a intensidade da autossugestão, que já descambou para uma desconcertante auto-obsessão."

A entidade pelos delitos cometidos contra suas vítimas, viciou de tal forma a própria mente, que agora "vê" e "sente" o remorso na própria consciência, a cobrar na mesma proporção da dor e sofrimentos infringidos, sem mesmo saber avaliar o que acontece com ela mesma.

Para esta entidade – e outras, nas mesmas condições – o remédio salutar é a bênção curativa da reencarnação. Por ela a entidade esquece parcialmente o passado ignominioso, abrindo caminho para a expiação e o resgate. Esta situação perdura até que o desejo de **reparação**, pelo **arrependimento** lhes traga a calma para entrever a possibilidade de, por eles mesmos, pôr um termo à sua situação.

Suplícios do orgulho

26.º – Para o orgulhoso relegado às classes inferiores, é suplício ver acima dele colocados, cheios de glória e bem-estar, os que na Terra desprezara.

PARA A DOUTRINA ESPÍRITA EXISTE uma escala baseada no grau de adiantamento do espírito, de tal sorte que cada criatura, desde o início de sua criação, simples e sem conhecimento, vai galgando por seus méritos patamares mais elevados até atingir a soma de perfeições de que é suscetível. Assim é que os espíritos superiores admitem três grandes ordens: *imperfeitos, bons* e *puros*. O orgulho é uma das características ainda da predominância da inferioridade, própria daqueles espíritos matriculados na primeira ordem da escala evolutiva. É a manifestação do *ego*, acima de todas as coisas. Daí dizermos, que o egoísta pensa sempre, primeiro em si mesmo, antes do que nos outros. É a ausência da humildade. Parece-nos, todavia, que o egoísmo seja algo natural, inerente a toda pessoa humana, nas fases iniciais do entendimento, e que vai perdendo força, gradativamente, à medida que cresce em valores espirituais e morais.

Diante desse pressuposto doutrinário da progressividade do Espírito, a tendência natural é passar, do egoísmo à fraternidade. Tal mudança, no entanto, só ocorrerá proporcionalmente à maturidade do seu estágio de entendimento, adquirido nas muitas experiências pelos caminhos dos vários nascimentos físicos. Assim, se você, ao ver a felicidade dos bons, sofre de um incessante tormento, experimentando todas as angústias que a inveja e o ciúme podem causar, fatalmente, o egoísmo está ainda *aceso*. Não fique preocupado! Todo ser percorre essa escala do progresso, mas um dia, todos conseguirão se modificar, cada qual, em seu ritmo próprio, pois a perfeição relativa é meta obrigatória nas Leis Divinas.

Uma questão importante, com relação à mudança da vida terrena para a espiritual, é quanto aos nossos pensamentos. Ninguém na vida material pode desvendar-nos os pensamentos, a não ser que venhamos a expressá-los, pois eles são secretos. Assim, podemos guardar inúmeros segredos enquanto encarnados. Muita gente diz: "Vou levar para o túmulo tal fato"... Quantas coisas que guardamos em segredo, que nem as pessoas mais íntimas ficam sabendo! Bem, isto apenas do ponto de vista material, porque, para os Espíritos, somos um *livro aberto*. Tudo que pensamos, projetamos em nossa psicosfera mental e aí, então, estamos descobertos. "Os Espíritos podem conhecer os nossos mais secretos pensamentos. Muitas vezes, eles sabem o que gostaríamos de esconder de nós mesmos. Nem atos, nem pensamentos lhes podem ser dissimulados."[1] Por isso, que para a Justiça Cósmica, o infrator não precisa de defensor, como ocorre nas leis humanas, pois, não há como mascarar os pensamentos.

Destaque-se ainda que algumas decepções sofrem os espíritos, imantados à vida material, ao se defrontarem com a realidade espiritual. Assim é que: aquele que na vida terrena agiu em plena devassidão dos costumes,

---

[1] KARDEC, Allan. *O Livro dos Espíritos*, Q. 457.

despreocupado com os valores espirituais, não conseguindo continuar, nas mesmas condições das luxúrias desenfreadas, se vê exaltado nos seus desejos bestiais, sofrendo, com isso, os maiores tormentos; o avarento, obcecado na aquisição e no acúmulo de riquezas, sem entender, que na Terra, somos apenas mordomos, que um dia teremos que prestar contas da administração, ao desencarnar vê o inevitável esbanjamento de seus *bens* pelos herdeiros; enquanto que o egoísta, desamparado de todos, sofre as consequências da sua atitude terrena.

O Evangelho de Lucas retrata bem esta situação na Parábola do Rico e Lázaro. Um vivera dissolutamente, vestindo-se de púrpura e comendo regaladamente, enquanto o outro se servia da migalha de que lhe sobrara da mesa. Desencarnam. Um passa a viver o suplício consciencial, pois fizera como alvo da vida, apenas as conquistas de seus desejos materiais, esquecendo-se da vida da alma; o outro representa os que sofrem as agruras de débitos contraídos nas existências anteriores, mas que saldara suas contas para com a Lei. O rico contraiu dívida, e Lázaro pagara até o último ceitil. Assim, reequilibrara-se com as Leis Divinas.

O texto nos fala que o rico, em tormento, sentia sede, que, na realidade, era remorso pela vida dissoluta que levara. Estava no *inferno* de sua consciência, e por isto, sofria muito. Em outras palavras, estava em desalinho com as Leis de Deus, porém, só temporariamente. Lázaro, por sua vez, conseguira, após uma vida de sacrifícios e dificuldades, sanar deficiências, corrigindo "equívocos" para aquela etapa de experiência. Este episódio, na realidade, retrata o processo evolutivo de todo ser humano até sua ascese (*ascensão*), no grau máximo do limite do discernimento. Tanto o rico, como

Lázaro, simboliza o roteiro de crescimento do espírito, desde a criação – simples e ignorante – na epopeia multimilenar da própria Humanidade. Neste mesmo sentido, Lucas anota também a parábola do filho pródigo e do egoísta, que, igualmente, nos desperta para o processo evolutivo da Vida, mostrando-nos que, à medida que nos aproximamos de Deus, no vai e vem dos erros e acertos, vão brilhando os nossos potenciais.[2]

Desta forma, pelos dramas da consciência que se desenrolam na alma do devedor – temporariamente, é verdade – até o seu despertar, "nem a sede nem a fome lhe serão mitigadas, nem amigas mãos se lhe estenderão às suas mãos súplices; e, pois, que em vida só de si cuidara, ninguém dele se compadecerá na morte."[3] Isso é o que se passa na consciência da criatura, quando se vê no mundo espiritual. Sofre os males que acarretou aos outros; e como sofre por muito tempo, julga sofrer para sempre. É a ideia da *pena eterna*, ensinada aos crentes de diversas religiões.

---

[2] Ler sobre o assunto, nosso livro, *Filhos de Deus, o amor incondicional* – Editora EME.

[3] KARDEC, Allan. 1.ª Parte, As Penas Futuras, *O Céu e o Inferno*, Cap. VII, item 26.

Reparando faltas já!...

27.º – O único meio de evitar ou atenuar as consequências futuras de uma falta, está no repará-la, desfazendo-a no presente. Quanto mais nos demorarmos na reparação de uma falta, tanto mais penosas e rigorosas serão, no futuro, as suas consequências.

NUNCA DEIXES PARA AMANHÃ, *o que se pode fazer hoje*, ensina um velho adágio popular. É muito comum, quando ainda não entendemos a necessidade do progresso, perante a Lei Divina, adiarmos os nossos compromissos de mudança, deixando, quase sempre, para o futuro, que, aliás, não sabemos "quando". O tempo passa e, uma vez perdido, não será recuperado. Além do mais, nem sempre, no "amanhã" teremos as mesmas condições e oportunidades, que temos hoje. "Sabei que cada um terá que dar contas da inutilidade voluntária de sua existência, inutilidade sempre fatal à felicidade futura."[1]

Merece reflexão, neste sentido, a letra do compositor Geraldo Vandré – hino dos jovens de 1.º de abril de 1964, Golpe Militar –, na música *Prá não dizer que não falei das flores*, quando alerta: "Quem sabe faz a hora não espera acontecer. Vem, vamos embora que esperar não é saber!..." Se nos despertamos por que deixar para depois? O momento é agora... O futuro depende do hoje.

---

[1] KARDEC, Allan. *O Livro dos Espíritos*, Q. 988.

Se cometemos algum equívoco e prejudicamos alguém, deixemos o orgulho de lado e procuremos reparar, "já", a falta cometida, desfazendo, o quanto antes os vínculos negativos que criamos. É por essa razão que Jesus, como excelso psicólogo e profundo conhecedor da alma humana, nos aconselhou reconciliar o mais depressa possível com o adversário enquanto estivéssemos a caminho com ele. Aqui podemos dar duas conotações ao alerta do Mestre: Primeira, são os adversários externos, baseados nas dissensões com os nossos desafetos; e a outra se refere aos inimigos íntimos criados por nós mesmos, representados pelas nossas inquietações mentais, pois muitas vezes os inimigos, *não estão lá fora*, mas dentro de nós mesmos![2]

Assim, o único meio de se evitar ou atenuar, se possível, as consequências futuras de uma falta, está no repará-la, desfazendo-a no presente. Quanto mais nos demorarmos na reparação de uma falta, tanto mais penosas e rigorosas serão, no futuro, as suas consequências. Nesta linha de pensamento, Emmanuel alerta que: "Cultivar melindres e desgostos, irritação e mágoa é o mesmo que semear espinheiros magnéticos e adubá-los no solo emotivo de nossa existência; é intoxicar, por conta própria, a tessitura da vestimenta corpórea, estragando os centros de nossa vida profunda e arrasando, consequentemente, sangue e nervos, glândulas e vísceras do corpo que a Divina Providência nos concede entre os homens, com vistas ao desenvolvimento de nossas faculdades para a Vida Eterna."[3]

Para se reparar a falta e suas consequências, no presente,

---

[2] Recomendamos ler a lição 5.14.: Renasce agora, do livro *Nascer de novo para ser feliz*, de nossa autoria, Editora EME.

[3] XAVIER, Francisco Cândido, pelo espírito Emmanuel. *Pensamento e vida*, lição 28.

é preciso mudança de comportamento, implicando, com isso, uma ação efetiva, até que consigamos estabelecer a paz de consciência. Isto equivale dizer: até que toda a expiação inerente ao erro seja extinta por completo. Saliente-se, todavia, que nem sempre conseguiremos reparar *agora* os nossos erros para com nossas vítimas, pela dificuldade de contato, ou porque elas já desencarnaram. O que então fazer para *evitar* ou *atenuar* as consequências futuras, se sentimos que estamos "prontos" para refazer as falhas? Façamos uso da prece como mecanismo de emanação de vibrações mentais por eles, e ainda praticando, daí para frente, ação de forma correta, corrigindo exatamente "naquele ponto" que falhamos com o nosso semelhante, e que agora nossa consciência – verdadeiro magistrado interior – nos acorda com o *remorso* pelo ato equivocado. Neste sentido, vamos operando transformações íntimas, que nos irão preparar para um reencontro, com nossos desafetos – quando a oportunidade surgir – nesta, ou ainda, em possíveis programações reencarnatórias em existências futuras.

Encontramos na literatura espírita, a interessante *História da tábua*, extraída do livro *E,... para o resto da vida*, de Wallace Leal Valentim Rodrigues, em que, resumidamente, e com alguma adaptação, registramos a importância da reparação de faltas destoantes da Lei Cósmica Universal, para a conquista da felicidade. Cada pessoa, de acordo com o seu grau de evolução, encontra o momento certo, para o início dessa recuperação[4].

---

[4] RODRIGUES, Wallace Leal Valentim. *E,... para o resto da vida*, p. 35-37.

Diante do filho ranzinza e respondão, que não havia ainda percebido o quanto seus atos traziam consequências ruins aos semelhantes, um dia, seu pai resolveu mostrar-lhe uma tábua nova e lisa e sem qualquer ranhura. Alertou-o que todas as vezes que ele praticasse uma ação indevida seria fincado um prego nela. Pobre tábua! Não demorou e estava toda crivada de pregos! Cada vez que o filho ouvia a batida do martelo pregando um novo prego, sentia em si mesmo, como se fora uma martelada no coração, pois sabia que estava praticando algo errado.

Não demorou muito, o garoto vistoriou a tábua e percebeu que faltava pouco espaço para a inserção de novos pregos. Corre ao pai e manifesta o seu desejo de vê-la novamente bonita como era. E o pai, paciente, faz uma contraproposta, dizendo:

– Olha, vamos agora fazer o inverso: vou retirar, daqui para frente um prego, a cada boa ação que perceber em suas atitudes. Vamos experimentar?

Depois de certo tempo não havia mais prego nenhum, mas o garoto percebeu que ficaram marcas na tábua. E o pai, percebendo seu desapontamento, diz: – É meu filho, os pregos desapareceram, mas ficaram marcas deles; é a culpa.

Quando infringimos a Lei de Deus, deixamos *marcas* em nós mesmos, que, no devido tempo, de acordo com o grau de compreensão, a consciência é *alertada* pelo remorso. E a única solução para voltarmos ao equilíbrio emocional de paz e harmonia é a reparação do erro cometido. É perfeitamente natural que, nas primeiras etapas do percurso milenar, cometamos os equívocos, assim como os acertos que irão, paulatinamente, contribuir, para que o amor e a sabedoria se tornem as balizas do comportamento.

A Lei Divina nos concede, para reparar as atitudes equivocadas, as bênçãos da reencarnação, mecanismo que nos oportuniza a realização de estágios periódicos no corpo físico, tantas vezes quantas necessárias, até a eliminação do débito contraído. "À proporção que nosso entendimento se desenvolve, os erros são cada vez mais rapidamente percebidos como tais e lamentados (arrependimento), provocando-nos sensações desagradáveis e até afligentes (remorsos) que devem ser neutralizadas por uma postura de reparação e melhoria de procedimento. Este processo, na verdade, é vivenciado por nós com frequência, sendo recomendado pela religião há milênios e adotado como valioso recurso na moderna abordagem terapêutica do sentimento de culpa."[5]

Nunca é tarde para reparar nossas faltas. Aliás, é importante que o façamos logo, assim que tenhamos entendimento da dimensão do problema, pois assim evitaremos sempre dissabores maiores, no futuro. Quanto mais demorarmos na reparação de uma falta, há possibilidade de ser mais penosa, amanhã. Não sabemos qual é o panorama que nos espera. A cada dia sempre temos novas oportunidades de recomeçar!...

---

[5] VILLELA, Danilo Carvalho. *SEI – Serviço Espírita de Informações –* 4/3/2006 - ano 1979.

A situação no mundo espiritual

28.º – A situação do espírito, no mundo espiritual, não é outra senão a por si mesmo preparada na vida corpórea.

A VIDA NO MUNDO ESPIRITUAL é o reflexo das conquistas do espírito quando encarnado. Neste sentido, encontramos certas crenças religiosas vendendo ilusões aos seus adeptos, prometendo o *paraíso*, tão somente pela prática de alguns rituais criados pelos seus líderes. Sendo difícil a prática verdadeira do desenvolvimento espiritual, transferem-se para a de certas cerimônias, contentando-se com isso. No entanto, em que pesem essas orientações, a doutrina espírita deixa claro que, independente de crença, somos todos filhos de Deus e que a felicidade não se conquista por rituais, mas sim, pela prática do bem, desenvolvendo os nossos potenciais até perfilharmos com a sintonia divina, ou seja, com o reino de Deus em nós. Daí o alerta de Kardec, afirmando que: "Fora da caridade não há salvação", desmistificando a ideia de que "Fora da igreja não há salvação". Aliás, salvação, para a doutrina espírita, não é algo que vem do exterior; *salvação* quer dizer, o aprimoramento do espírito, através das inúmeras existências, nascendo de novo, até o desenvolvimento do reino de Deus.

À Lei Divina não se consegue enganar nunca!...É a justiça que efetivamente vigora em nossa consciência. Em razão da imperfeição, pelo grau de evolução, em que ainda nos encontramos na escala evolutiva, seremos sempre tratados *diferentemente*, em função do discernimento da ação praticada. Por essa razão, cada pessoa se encontra num degrau próprio da evolução, portanto, não se pode utilizar o mesmo parâmetro para a avaliação de cada uma delas. A doutrina e a jurisprudência humana expressam que o princípio da verdadeira igualdade consiste em "tratar igualmente os iguais e desigualmente os desiguais, na medida em que se desigualam", refletindo a Lei Natural. Conforme escreveu em 1920 o cultíssimo jurisconsulto, político, diplomata, jornalista Ruy Caetano Barbosa de Oliveira, na sua alocução *Oração aos Moços*, proferida em São Paulo por outro orador diante do precário estado de saúde do ilustre baiano que iria desencarnar a 1.º de março de 1923, no Rio de Janeiro (DF).

Ora, é preciso respeitar as diferenças individuais, de acordo com o discernimento alcançado, razão pela qual, cada espírito deve ser tratado na proporção de seu grau de compreensão. Embora tenhamos o mesmo ponto de partida, no decorrer do processo de crescimento, distanciamo-nos, em função da liberdade de escolhas – certas ou erradas – que nos é concedida pelas Leis Divinas. É o que ensina Nilton Bonder – e assim, também o entendemos – quando afirma que: "Todas as ações são legítimas, mesmo que ilícitas porque derivam do uso do livre-arbítrio."[1]

Quando você ouve alguém dizer, diante de um ato recriminável: "Puxa, como esta pessoa pode agir desta forma? Isto é um absurdo!"... Ora, muitas vezes, este alguém não se *despertou* ainda para o entendimento daquele

---

[1] BONDER, Nilton. *Código penal celeste*, p. 16.

ato, e age dentro da regularidade de sua visão, naquele momento. Posteriormente, no tempo certo, quando ocorrer o seu despertar, fatalmente *cairá em si*, e reconhecerá o erro praticado. Conhecemos muitas pessoas que frequentam casas religiosas, praticam suas cerimônias e rituais, mas continuam agindo totalmente ao contrário daquilo que aprenderam (será que aprenderam, realmente?). Outras pregam uma coisa e fazem totalmente outra, na filosofia do "Faça o que eu digo, mas não faça o que eu faço"... Ainda ignoram a essência do ato. "A felicidade está na razão direta do progresso realizado, de modo que, de dois Espíritos, um pode 'não ser tão feliz' quanto outro, unicamente por não ter ainda conquistado o mesmo patrimônio de adiantamento intelectual e moral, sem que por isso precisem estar, cada qual, em lugar distinto. Ainda que juntos, pode um estar em trevas, enquanto que tudo resplandece para o outro, tal como um cego e um vidente que se dão as mãos: este percebe a luz da qual aquele não recebe a mínima impressão."[2]

Jesus ao alertar os discípulos para que procurassem andar sempre pelos *caminhos retos*, lhes disse: "Lançai a rede para a banda direita do barco e achareis."[3] Quando nos desviamos deliberadamente da observância das Leis Divinas – caminhos retos – nos defrontamos com o desequilíbrio, que culminará, fatalmente, no sofrimento; tal situação, no entanto, só voltará à normalidade pela reparação, com o retorno à Casa do Pai. A nossa atitude, uma vez compreendida a situação do erro cometido, deve ser sempre, a do bom combate às nossas imperfeições. "Figuradamente,

---

[2]   KARDEC, Allan, *O Céu e o Inferno*, cap. III, item 6.
[3]   João, 21:6.

o espírito humano é um *pescador* dos valores evolutivos, na escola regeneradora da Terra. A posição de cada um é o *barco*. Em cada novo dia, o homem se levanta com a sua *rede* de interesses. Estaremos lançando a nossa *rede* para a *banda direita*? Fundam-se os nossos pensamentos e atos sobre a verdadeira justiça?"[4]

Os nossos equívocos não se apagam, quando da desencarnação. Chegando ao mundo espiritual, nos deparamos com o balanço de nossas ações. Normalmente, somos preparados para o retorno em nova experiência reencarnatória, quando entramos na faixa de expiação e reparação, com maior ou menor proveito, tudo dependendo de nossa vontade. E se não nos corrigimos, apenas adiamos o compromisso, tendo que, mais hoje ou mais amanhã, recomeçar; todavia, sempre a situação se torna mais difícil, em razão de ter recalcitrado no erro, de sorte que, quanto maior for a manifestação do sofrimento, pode-se afirmar que mais intenso é o grau de expiação que teremos, fatalmente, que suportar.

Às vezes, encontramos uma dada criatura, toda voltada às viciações, e que vive uma vida totalmente egoística, sem o mínimo de preocupação com os seus semelhantes. Caridade com os irmãos de jornada, nem pensar! Aparentemente, passa aos semelhantes uma ideia de que nada vale a prática do bem. Goza de uma felicidade aparente, apesar dos desregramentos. Na verdade, são apenas *aparências*, pois a felicidade é sempre proporcional à erradicação das imperfeições. Alheia ao próximo, anestesia-se pelas

---

[4] XAVIER, Francisco Cândido, pelo espírito Emmanuel. *Caminho, verdade e vida*, lição 21.

ilusões do *ter* em detrimento do *ser*. Permanece assim até que, pela maturidade, o remorso vem à tona e a dor do arrependimento lhe angustia a alma; mais tarde, ao *acordar* para a realidade da vida, "outra encarnação se lhe faculta para novas provas de expiação e reparação, com maior ou menor proveito, dependentes do seu livre-arbítrio."

Neste sentido, foi que Jesus disse: – "Bem-aventurados os aflitos, porque serão consolados." A aflição é o remédio salutar que desperta a criatura quando em desarmonia com a Lei Divina. Sendo portador do livre-arbítrio, quando se escolhe alternativa errada, o espírito sofre as consequências. Mas não há nisso nenhuma punibilidade divina, porque será a própria criatura que, ao discernir o ato, se desvencilhará da imperfeição. Muitas vezes, a aflição se manifesta na qualidade da terapia corretiva, para que a criatura retorne ao caminho do bem.

Cumprindo a Justiça Divina

29.º – Certo, a misericórdia de Deus é infinita, mas não é cega. O culpado que a ela atinge não fica exonerado, e, enquanto não houver satisfeito à justiça, sofre a consequência dos seus erros. Por infinita misericórdia, devemos ter que Deus não é inexorável, deixando sempre viável o caminho da redenção.

A MISERICÓRDIA DA JUSTIÇA Divina é infinita, e aguarda da criatura a superação de suas escolhas, quando erradas, até a total libertação de suas imperfeições para que possa gozar da felicidade, fruto da perfeição. Quando a criatura se desperta para o amor de Deus, ela, por si mesma, quer reparar os erros cometidos, pois se trata de problemas da própria consciência. A Justiça Divina não irá condenar a criatura pelos seus erros; afinal, o erro faz parte do "jogo" do livre-arbítrio. São eles mecanismos de aprendizagem que ajudam no discernimento do certo e do errado e são bênçãos para o progresso do espírito.

Assim, pelas regras de amor da Justiça Divina, todo ser tem sempre a chance de se redimir, mesmo que tenha cometido os maiores desatinos. Diz o profeta Ezequiel: "Deus não quer a morte dos ímpios, mas a sua salvação."[1] Não existem, portanto, as chamadas *penas eternas*, e sim, *oportunidades eternas*. O momento do *insight* será

---

[1] Ezequiel, 18:23-32.

proporcional ao grau de entendimento de cada um. Não se tem, portanto, nem céu, nem inferno localizados, mas a Justiça da Consciência. É por isso que ao perguntar aos espíritos-mestres da codificação, onde está escrita a Lei de Deus, a resposta foi lacônica: *Na consciência*. Por isso, cada espírito, esteja no corpo físico, ou fora dele, tem gravado em si as regras universais celestes.

Dentro desta linha de pensamento, há um ditado popular que revela bem essa sabedoria universal, em relação ao comportamento do espírito, que diz: "O que se leva desta vida é a vida que a gente leva". O que expressamos em nossas atitudes – seja no corpo físico, ou fora dele – é o que somos na vida. Se estivermos no mundo espiritual, seremos nós mesmos com nossos erros e acertos, ou seja, levamos da vida terrena a vida que vivíamos. Não há mágica nem subterfúgio algum. Os espíritos mais evoluídos encontrarão no mundo espiritual os seus semelhantes, tal como acontece conosco em nosso inter-relacionamento na Terra; da mesma forma, os portadores de viciações e pensamentos inferiores encontrarão sua *turma* de faixa vibratória. Somos o que construímos. Podemos, assim afirmar que, na Justiça Divina, o Promotor (acusador) e o Juiz (julgador) estão na própria consciência, manifestando-se através de mecanismo natural de aferição, no instante em que a criatura é capaz de compreender o ato praticado.

Referindo-se à distinção das áreas de atuação e às competências da justiça terrena e da Justiça Celeste o eminente escritor e rabino Nilton Bonder nos oferece esclarecedora lição:

"À justiça terrena competem as relações recíprocas entre dois ou mais indivíduos. O parâmetro principal dessa justiça é, uma vez configurado um ato ilícito ou injusto, identificar possíveis vítimas e delinquentes ou apontar certos e errados ou mais certos ou mais errados. Seus instrumentos são o discernimento do bem e do mal. (...) Não existe uma justiça externa e absoluta. São as próprias sociedades que estabelecem convenções e padrões para lidar com suas principais preocupações e temores na busca de proporcionar segurança e bem-estar a seus cidadãos. Para tal fim, julgam, condenam e penalizam. Os direitos são construções humanas em constante processo de transformação."

Por sua vez, "a jurisprudência divina se ocupa exclusivamente das questões entre a criatura e o Criador. Muito diferente da justiça terrena, não interessa aqui a justiça nas interações. Todas as ações são legítimas mesmo que ilícitas porque derivam do uso do livre-arbítrio. A justiça divina não reconhece o status de 'bem' ou 'mal', que é uma condição relacional, ou seja, que privilegia uma perspectiva particular. Sua justiça é absoluta. Por não-absoluto entenda-se que são regras inventadas, distintas das regras da vida ou das regras pela qual a intenção da Criação se pautou. Nos litígios celestes não interessa a identificação da vítima e de réu, pois uma vez estabelecido um litígio, ambos já são a priori conhecidos. Réu e vítima são sempre a mesma pessoa. A vítima é o Criador representado por sua criatura, e o delinquente é aquele que faz uso do livre-arbítrio, ou seja, a criatura. Trata-se de julgamento de si mesmo em relação a si mesmo."[2]

A Justiça Divina, dessa forma, estando presente na criatura, não é de forma alguma *punitiva*, mas sim, sempre *educativa*, pois o réu e a vítima são a mesma pessoa. Isto quer dizer que, sendo o promotor e juiz de si mesmo, a criatura, e só ela, será capaz de identificar, dependendo de seu estágio evolucional, a dor-remorso nos escaninhos

---

[2] BONDER, Nilton. *Código penal celeste*, p. 16.

da alma, quando, então, acorda. É o "acorda, tu que dormes", no alerta de Paulo. Este despertar, e a consequente reparação dos equívocos, é que vai absolver o espírito. "Para compreendermos do que se trata a Justiça Celeste, temos de nos liberar da propaganda que fez dos céus um repositório das fantasias terrenas. (...) No centro dessa *propaganda* estão os conceitos de paraíso e inferno."[3]

Ratificando este entendimento sobre a Justiça Divina, acrescentamos a pergunta feita ao espírito André Luiz:

— Como atua o mecanismo da Justiça no Plano Espiritual?

Ao que ele, pela psicografia de Francisco Cândido Xavier, responde:

— No mundo espiritual, decerto, a autoridade da justiça funciona com maior segurança, embora saibamos que o mecanismo da regeneração vige, antes de tudo, na consciência do próprio indivíduo.[4]

Assim, é no foro íntimo que funciona a Justiça Celeste, ficando cada criatura responsável pelo próprio processo de harmonização, sendo este, sempre graduado no tamanho do seu conhecimento.

---

[3] Idem, ibidem, p. 17.
[4] XAVIER, Francisco Cândido, pelo espírito André Luiz. *Evolução em dois mundos*, item VI, segunda parte.

Penas são remédios salutares

30.º – Subordinadas ao arrependimento e à reparação dependentes da vontade humana, as penas, por temporárias, constituem concomitantemente castigos e remédios auxiliares à cura do mal.

OS ESPÍRITOS, EM RAZÃO dos equívocos, não estão em punição, mas sim, sempre em fase de reabilitação, na correção pelos desvios. E isto é perfeitamente natural, pois a Justiça Divina, com a concessão do livre-arbítrio, deixa a critério do ser, traçar o próprio destino. É preciso atualizar o linguajar do texto que fala em "castigos divinos". Ao invés de *castigos*, entendamos que, pela conscientização do ato praticado, a seu modo, e no tempo certo de compreensão, o remorso impulsiona o ser para o arrependimento e reparação, ocorrendo, por consequência, equilíbrio, ou seja, a cura.

Assim, podemos entender a presença da dor, não como castigo, mas como imperativo da educação da alma. É o remédio salutar que desperta o espírito, sem qualquer pressão externa, para a reparação de rumos. Na legislação humana o infrator responde pelos atos considerados ilícitos, quando se enquadra no figurino da lei. Ao ser punido, embora se diga que o juiz o condenou, na realidade é o infrator que sofre as consequências, pela desobediência ao seu comando legal. Já, o Código Penal Divino, bem diferente da lei humana, depende sempre do despertar da consciência

O CÓDIGO PENAL DOS ESPÍRITOS | 183

do ser em evolução, sendo óbvio, que não importa se está no corpo físico, ou fora dele.

O apóstolo Paulo, em Carta dirigida à Igreja de Gálatas, afirma: "Pois aquilo que o homem semear, isto também ceifará."[1] Convencionou-se que, só após a morte faremos o balanço de nossas ações, recebendo a justa recompensa, seja o prêmio seja a penalidade. Pois bem, na verdade não é necessário morrer para perceber a lei das compensações. Ora, a semeadura é livre, mas a colheita será obrigatória. No entanto, como a Justiça Divina se processa na consciência de cada um, não está ela adstrita tão somente, "ao quando se passar para o mundo espiritual." Todo dia é tempo de semear e é tempo de colher[2]. Não é necessário atravessar as portas do túmulo para encontrar a justiça, face a face. A justiça revela-se no cotidiano, nos princípios de causa e efeito, em todos os instantes de nossa vida. Este o sentido da recomendação do apóstolo "Aquilo que o homem semear, isto também ceifará."

Demonstrando que o espírito é o operário de sua felicidade ou de suas desditas, e não um Deus punidor que o castiga, em *O Livro dos Espíritos*, Kardec, ao questionar os orientadores maiores, sobre a tese da necessidade de Deus estar atento a todos os nossos atos, para recompensar ou punir, obteve a lúcida resposta, por nós, adaptada:[3]

> "Deus tem Suas leis a regerem todas as nossas ações. Se as violamos, nossa é a culpa. Indubitavelmente, quando um homem

---

[1] Gálatas, 6:7.
[2] XAVIER, Francisco Cândido, pelo espírito Emmanuel. *Fonte viva*, lição 160 (resumo).
[3] KARDEC, Allan. *O Livro dos Espíritos*, Q. 964.

comete um excesso qualquer, Deus não profere contra ele um julgamento, dizendo-lhe, por exemplo: Foste guloso, vou punir-te. Ele traçou um limite; as enfermidades e muitas vezes a morte são a consequência dos excessos. Eis aí a punição (autocorreção, acrescentamos); é o resultado da infração da lei. Assim em tudo." Todas as nossas ações estão submetidas às leis de Deus. Nenhuma há, por mais insignificante que nos pareça, que não possa ser uma violação daquelas leis. Se sofremos as consequências dessa violação, só nos devemos queixar de nós mesmos, que desse modo nos fazemos os causadores da nossa felicidade, ou da nossa infelicidade futuras."

Estes ensinamentos evidenciam o equívoco de pretender imaginar Deus como verdugo, sondando os mínimos atos de Seus filhos, para lhes impor castigos, por seus desvios. O erro, como já salientamos, por várias vezes, mas que vale a pena repetir, faz parte do processo de crescimento. A sabedoria da Lei de Deus está na concessão do livre-arbítrio, deixando que o espírito tenha a liberdade de escolher. É o processo de aprendizagem sem prêmios ou castigos externos. Por isso, é dado a cada um o mérito de suas obras.

Quando se insiste no erro, a Lei dispõe de mecanismos de *alerta* ou de *aviso* ao infrator, no processo de educação. Assim, quando se é visitado pela febre, por exemplo, o objetivo é levar a criatura a sua cura. Também outros mal-estares (dor, tristeza, desalento, ansiedade, angústia etc.) são nossos "despertadores" para que, na medida da posse do discernimento do ato, nos reabilitemos. Por carência de maturidade espiritual e compreensão da mecânica do amor de Deus é que se tem a sensação infantil de punição. Têm-se nos desequilíbrios da alma *avisos* para que nos modifiquemos, mas nunca o sentido de punição de Deus. São os recursos naturais da Lei Cósmica, que, diante dos excessos praticados, disparam, ajudando-nos a *acordar*, e encetar o trabalho de reabilitação, por meio do arrependimento e da reparação das falhas cometidas.

É neste sentido que Kardec[4] explica: "Os espíritos, em prova, não são, pois quais galés por certo tempo condenados, mas como doentes de hospital sofrendo de moléstias resultantes da própria incúria, a compadecerem-se com meios curativos mais ou menos dolorosos que a moléstia reclama, esperando alta tanto mais pronta quanto mais estritamente observadas as prescrições do solícito médico assistente. Se os doentes, pelo próprio descuido de si mesmos, prolongam a enfermidade, o médico nada tem que ver com isso." Estando em prova (processo educativo), cada um responde pelos desvios, prorrogando o desequilíbrio, até que, por si mesmo e no devido tempo, se desperte, sem, com isso, recriminar a Deus.

Ninguém é condenado no Tribunal da Consciência pelos erros cometidos, pois a escolha – certa ou errada – é sempre legitimada pelo livre-arbítrio; afinal, faz parte do processo de aprendizagem do espírito, em sua escalada evolutiva. "Erros não condenam, muito pelo contrário, ajudam a estabelecer parâmetros para os limites e podem conduzir à bênção."[5] São eles que nos ajudam a corrigir os desvios. Se assim não fosse, Deus não teria criado o espírito simples e ignorante, isto é, sem conhecimento; igualmente, não o equiparia do livre-arbítrio, dando legitimidade ao acerto e ao erro. Paulo, um dos maiores divulgadores do cristianismo, sofreu na pele

---

[4] KARDEC, Allan, *O Céu e o Inferno*, cap. VII, ensaio n. 30.
[5] BONDER, Nilton. *Código penal celeste*, p. 56.

o sofrimento do trabalho de propagação, recebendo açoites e pedradas, a ponto de afirmar em uma de suas Cartas: "... por muitas tribulações nos importa entrar no reino de Deus."[6] O que o apóstolo quer ensinar aos seus discípulos é que para se alcançar o reino de Deus, ou seja, a plenitude do crescimento espiritual, chegando a se poder dizer "Eu estou no Pai, e o Pai está em mim", não será apenas pela prática de alguns rituais, o canto de hinos de louvor, ou muitas sessões mediúnicas. Precisamos aprender a superar as aflições, pois, "homem algum encontrará o estuário infinito das energias divinas, sem o concurso das tribulações da Terra."[7] E esta conquista espiritual é fruto sempre do justo testemunho pessoal; não se faz por *procuração* ou porque frequenta este ou aquele templo religioso, mas, sim, mediante a correção dos nossos descaminhos.

---

[6]   Atos, 14:22.
[7]   XAVIER, Francisco Cândido, pelo espírito Emmanuel. *Pão nosso*, lição 158.

Somatória das penas

31.º – Às penas que o espírito experimenta na vida espiritual ajuntam-se as da vida corpórea, que são consequentes às imperfeições do homem, às suas paixões, ao mau uso das suas faculdades e à expiação de presentes e passadas faltas.

ANTES DE SE EXPEDIR QUALQUER comentário sobre a essência do texto, necessário se faz refletir sobre o espírito na sua condição de individualidade, desde a criação até à perfectibilidade possível. Nesta trajetória, trocam-se de roupagens físicas, através do mecanismo da reencarnação, tantas vezes quantas necessárias; como Lei geral da vida, a evolução do espírito se opera através da reencarnação. Há um *continuum* na caminhada pelos trilhos da evolução, pois o espírito é o mesmo, esteja no corpo físico, ou fora dele, quando no mundo espiritual. Assim sendo, todas as suas imperfeições, consequências de escolhas erradas são registradas pela consciência. "Cada consciência é uma criação de Deus e cada existência é um elo sagrado na corrente da vida em que Deus palpita e se manifesta."[1] Desta forma, é óbvio, que todos os conflitos e angústias que possam experimentar na vida espiritual, nada mais são que reflexos de equívocos do presente e do passado. Ultrapassar as barreiras do túmulo não muda a situação

---

[1]   XAVIER, Francisco Cândido, pelo espírito André Luiz. *Ação e reação*, p. 206.

do espírito. Ele continua sendo ele mesmo, com seus *ônus* e *bônus*.

Sob este ângulo, tendo o espírito uma vez compreendido o erro, deverá exercitar ações e práticas no bem, junto ao ofendido, para, então, efetuar a reparação. Jesus, sob esta ótica, adverte: "Portanto, se trouxeres a tua oferta ao altar, e aí te lembrares de que teu irmão tem alguma coisa contra ti, deixa diante do altar a tua oferta, vai primeiro reconciliar-te com teu irmão; depois vem e apresenta a tua oferta". E diz mais: "De lá não sairás enquanto não pagares o último ceitil."[2] Isto equivale dizer: até que as imperfeições forem totalmente extintas e nenhum traço delas permanecer. Atente-se aqui para uma substancial diferença entre o código penal humano e o código penal dos espíritos. Neste, não existe a extinção da punibilidade, pela prescrição do prazo, como ocorre no direito penal: é preciso eliminar todos os erros; em outras palavras, uma vez praticado o erro, ele não se extingue por ter decorrido determinado período. O tempo é pessoal e dependente da maturidade de cada um; e, portanto, sem prescrição!...

Esta é a razão por que estando no mundo espiritual, ou no corpo físico, o espírito carrega na consciência o produto de suas ações. Outro detalhe importante neste caso é sobre o conceito de perdão. Há sempre, como ideia geral, fruto de interpretação errônea das Leis de Deus, que basta a prática de alguns rituais, cerimônias, cânticos de louvor, ou tomar alguns "passes" na Casa Espírita, para que Deus nos perdoe!... Será que somente isto resolve, de maneira tão simples? Isto ajuda, mas não é tudo. Diz-se que, com

---

[2] Mateus, 5:23-24 e 26.

essas práticas, teremos o perdão de Deus. Ora, só perdoa quem se ofende! Deus não se ofende jamais... O erro que o ser pratica, é regra da Lei; pelo livre-arbítrio o espírito ao fazer escolhas (negativas ou positivas), tudo reflete em aquisição de experiências, sendo, portanto, legítimo o acertar ou o errar. É preciso, uma vez acusado pela consciência, arrependimento e reparação, para que retornemos em harmonia com as Leis Maiores, escritas em nosso íntimo. Primeiro, reconcilia-te com teu irmão e depois faze a tua oferta... – palavras de Jesus no Sermão do Monte.

A série de livros ditada por André Luiz, pela mediunidade de Chico Xavier, é pródiga em minúcias, ao reportar as atividades preparatórias nas escolas de *Nosso Lar*, para o retorno do espírito às lides terrenas. É preciso, entretanto, que isto aconteça, para que, junto aos orientadores espirituais, os espíritos se refaçam da *porta larga* das ilusões, que a vida terrena libera a todos os encarnados. No mundo espiritual se programam ao retorno à nova existência, pois, muito embora o progresso aconteça nos dois planos, no entanto, é efetivamente, no corpo físico onde o processo de crescimento ocorre de forma mais acentuada. ensina-nos a doutrina espírita que é na vida corpórea que o espírito repara o mal de anteriores existências, pondo em prática resolução tomada na vida espiritual. Assim, certas lesões e dificuldades mundanas que, à primeira vista, parecem não ter razão de ser, são explicadas pelo espólio do passado, que trazemos ao reencarnar. Superando os obstáculos, caminharemos fatalmente rumo à perfeição relativa.

No retorno à vida terrena, o espírito traz consigo o patrimônio conquistado nas existências anteriores. Muito embora se propague que o espírito está na Terra para *sofrer*, na verdade, ele tem como objetivo *evoluir*; esse é o objetivo principal da lei da reencarnação. Reencarna sempre para evoluir, contudo, é óbvio que no percurso sofre todas as vicissitudes da vida corpórea e das escolhas mal feitas, em razão da própria ignorância. Mas como escolher faz parte do livre-arbítrio... Tudo é natural, pois as escolhas negativas são educativas, desde que tiremos delas a aprendizagem. É óbvio que elas nos ensinam, a partir do momento da tomada de consciência do ato equivocado. Corrigindo-nos, mudamos. As imperfeições são normais e relativas ao grau de entendimento humano. Estamos nesta vida solidificando a aprendizagem, quando acertamos, e corrigindo os ponteiros com a Lei, quando erramos. Estas faltas podem ser consequências de equívocos atuais, como de existências anteriores.

As vicissitudes que experimentamos são sempre pedagógicas e não punitivas, pois, segundo Kardec, "se tratam de correção temporária e uma advertência quanto às imperfeições que nos cumpre eliminar, a fim de evitar males e progredir para o bem. São para a alma lições da experiência, rudes às vezes, mas tanto mais proveitosas para o futuro, quanto mais profundas as impressões que deixam. Estas vicissitudes ocasionam incessantes lutas que lhe desenvolvem as forças e as faculdades intelectivas e morais. Por essas lutas a alma se retempera no bem, triunfando sempre que tiver denodo para mantê-las até ao fim."[3]

---

[3] KARDEC, Allan. *O Céu e o Inferno*, Parte 1, cap. IV, item 3.

Progresso como lei geral

32.º – Deus, diz-se, não daria prova maior de amor às Suas criaturas, criando-as infalíveis e, por conseguinte, isentas dos vícios inerentes à imperfeição? Para tanto fora preciso que Ele criasse seres perfeitos, nada mais tendo a adquirir, quer em conhecimentos, quer em moralidade. Certo, porém, Deus poderia fazê-lo, e se o não fez é que em sua sabedoria quis que o progresso constituísse lei geral.

MUITOS QUESTIONAM, por que Deus em vez de criar os espíritos simples e ignorantes, isto é, sem qualquer conhecimento, sujeitos a uma luta renhida e constante para conseguir o seu aperfeiçoamento, não os teria dotado, desde o início, da perfeição relativa? Atentemos, todavia, que este conceito de progressividade, através das existências sucessivas está vinculado à reencarnação, sendo o ponto nevrálgico da doutrina espírita, como Lei Natural. Muitas doutrinas religiosas, entre elas as cristãs, vinculadas à ideia de existência única, não pensam, entretanto, assim. Admitem para as criaturas tão somente duas situações, ou condições extremas: a do *Céu* (perfeita felicidade) ou do *Inferno* (sofrimento absoluto), após sua trajetória única aqui na Terra. Não podendo explicar, racionalmente, as diferenças de todas as naturezas entre as criaturas, desde o nascimento, aceita-se a concessão de "graça" individual, privilegiando uns, em detrimento de outros.

Anotemos, ainda, a este respeito, que se assim entendermos, o progresso das almas, ficaria sob este ângulo, adstrito, a essas duas situações: céu ou inferno, tendo como agravante, não aferir a diferença de graus de conquista de cada um, pelas experiências adquiridas. Ademais, se há sorte definitiva – sem apelação, pois seriam catalogados somente como *bons* ou *maus*, e teriam como destino caminhos únicos – não há progressividade da alma; "ora, se há progresso não há sorte definitiva; se há sorte definitiva, não há progresso". Jesus resolveu a questão quando disse: "Há várias moradas na casa de meu Pai."[1]

Pelo que nos ensina a doutrina espírita, a progressividade da criatura é fruto de várias existências, com a passagem por fases evolutivas, eliminando, paulatinamente, as imperfeições, até a suprema felicidade. Para explicar essa questão, o codificador, na elaboração de *O Livro dos Espíritos*, questiona os orientadores maiores, se Deus não poderia livrar os espíritos das provas a que devem se submeter para chegar à perfeição[2]. Ao que eles responderam:

> – "Se Deus os houvesse criado perfeitos, nenhum mérito teriam para gozar dos benefícios dessa perfeição. Onde estaria o merecimento sem a luta? Demais, a desigualdade entre eles existente é necessária às suas personalidades. Acresce ainda que as missões que desempenham nos diferentes graus da escala estão nos desígnios da Providência, para a harmonia do Universo."

---

[1] KARDEC, Allan. *O Céu e o Inferno*, cap. IV, item 7.
[2] KARDEC, Allan. *O Livro dos Espíritos*, questão 119.

A vida social possibilita ao homem atingir na estrutura do trabalho as mais altas posições hierárquicas, embora nem todos as alcancem. O mandatário de um país não transforma todos os soldados em general; o empresário não promove de cargo todos os empregados subalternos em superiores. Difere-se, portanto, o processo de crescimento do espírito na vida social e espiritual. Naquela há limitação, nem sempre o homem alcança a posição máxima. Nesta, no entanto, todos alcançarão o ponto máximo de perfeição possível, cada um a seu modo, e no seu tempo. Ninguém deixará de ser espírito puro, um dia...

Não existe, portanto, injustiça nas Leis Sábias de Deus. Todos têm as mesmas oportunidades e são criados simples e ignorantes – sem conhecimento; iniciam no mesmo ponto de partida, sem quaisquer privilégios, e alcançarão um dia a plenitude, e por consequência, a felicidade. Assim, se os espíritos fossem criados perfeitos não haveria mérito nenhum, razão pela qual Deus deixa a cada um, a conquista do desenvolvimento. Para a doutrina espírita, nenhum ser foi criado já perfeito. Como não há discriminação na Lei Divina, nem mesmo Jesus foi criado perfeito. Aliás, não poderíamos tê-lo na qualidade de Mestre, e de "guia e modelo da Humanidade" – na qualificação dos espíritos superiores – se ele também não tivesse passado pelos mesmos mecanismos de aprendizagem a que todos estamos sujeitos.

A doutrina da trindade, criada pela igreja católica, transformou por decreto, Deus em três pessoas: Pai, Filho e Espírito Santo. No judaísmo e no cristianismo primitivo, entretanto, não se fala em Trindade, nem em Espírito Santo. E tudo começou com os polêmicos Concílios de

Niceia (325) e Constantinopla (381). São Jerônimo adaptou a Bíblia a estas decisões, ao trabalhar a Vulgata. O Credo das missas foi também alterado. "Para o Espiritismo, Deus não é exatamente uma pessoa. Muito menos, há de ser a tríade de pessoas (Pai, Filho e Espírito Santo), que está na base da dogmática cristã. O conceito de Deus exposto na questão primeira de *O Livro dos Espíritos* é simplesmente de uma inteligência. Não uma inteligência comum. Mas a "inteligência suprema, causa primeira de todas as coisas."[3]

E Kardec não usou o pronome interrogativo personativo QUEM? Ele sabiamente se valeu do pronome interrogativo Que? Quem pressupõe um ser definido à imagem e semelhança do homem QUE traduz: *Que força? Que poder? Que coisa é esta desconhecida por nós?* A simples supressão da letra M faz uma enorme diferença no melhor entendimento das pessoas de um modo geral.

Sem qualquer privilégio, Jesus é filho, como todos nós. Não sendo Deus, ele é um irmão mais velho que também conquistou sua perfeição relativa enfrentando os mesmos percalços de todas as criaturas. Não veio à Terra, portanto, como um ser puro e acabado, na qualidade de filho unigênito de Deus, sem experiências. Será que aceitaríamos alguém para ser nosso guia, sem ter adquirido experiências? É óbvio que não. No entanto, com base na fé religiosa, Jesus é tido como "Cordeiro de Deus, que tira os pecados do mundo", numa alusão aos holocaustos, que a crença judaica cultivava mediante o processo de se entregar um animal, em determinadas épocas no ano, para se safar dos *pecados* cometidos. Quem erra ou aprende é a própria criatura.

---

[3] MOREIRA, Milton Medran. *Direito e justiça*, p. 23.

Agora essa crença de alguém tirar pecado (para nós, retificar equívocos naturais) de alguém, sem qualquer esforço, é brincar com a lógica e com o bom-senso das criaturas!...

Ensinou-nos Jesus, no entanto, na condição de alguém que já alcançara o Reino de Deus, dentro de si mesmo, por mérito próprio, através dos milênios de experiências evolutivas, os seus exemplos de superioridade espiritual. Assim podemos chamá-lo de Mestre Divino, não porque é Deus, mas como um espírito luminoso que já desenvolveu o seu potencial, e que, por esta condição, convive vibracionalmente com o Pai, dentro de si mesmo, dizendo: "Estou em meu Pai e vós em mim e eu em vós"[4]. E quando afirma que: "Eu sou o caminho, a verdade e a vida, ninguém chega ao Pai senão através de mim", é um convite para se percorrer a mesma rota que ele já palmilhara, no desenvolvimento do *grão de mostarda*, plantado na já consciência de cada um.

Para Pastorino, no entanto, o sentido real deste ensinamento de Jesus é: "O Eu é o caminho da Verdade e da Vida: ninguém vem ao Pai senão pelo Eu."[5] Na verdade, se assim não fosse, estariam excluídos aqueles que não são cristãos, o que deixaria de ser uma lei universal. O "Eu profundo", que também chamamos de reino de Deus, do Cristo Interno é o caminho para se alcançar a Verdade e a Vida. Jesus também desenvolveu o seu *Cristo interno*. Nada de privilégios nas Leis Cósmicas Universais, e sim, trabalho pessoal, sem transferência de responsabilidade. É o que Kardec ensina, em complemento ao *caput* (cabeça de artigo que inclui parágrafos, itens ou alíneas) do texto: "A Justiça

---

[4] João, 14:20.
[5] PASTORINO, Carlos Torres. *Sabedoria do Evangelho*, vol. 8, p. 3.

Divina patenteia-se na igualdade absoluta que preside à criação dos espíritos; todos têm o mesmo ponto de partida e nenhum se distingue em sua formação por mais bem aquinhoado; nenhum cuja marcha progressiva se facilite por exceção: os que chegam ao fim têm passado, como quaisquer outros, pelas fases de inferioridade e respectivas provas."

Para progredir, contudo, por mais que se tenha atingido certa maturidade, o Espírito, não cresce sozinho. Ao inter-relacionar-se com seus semelhantes, vai aos poucos, ampliando seu raio de conhecimento. Embora entendamos que o crescimento é algo pessoal, dependente da vontade de cada um, ou seja, do livre-arbítrio, jamais podemos prescindir da cooperação de nossos semelhantes. Cooperar quer dizer "operar com auxílio de alguém." Aquele que está disposto a ajudar o seu semelhante na realização de um objetivo, é um "cooperador". Embora se afirme que cada um é o *operário* de seu crescimento, e que este trabalho é ato de vontade pessoal, intransferível, necessitamos sempre de cooperadores em nossa caminhada evolutiva. "Ninguém guarde a presunção de elevar-se sem o auxílio dos outros, embora não deva buscar a condição parasitária para a ascensão. Referimo-nos à solidariedade, ao amparo proveitoso, ao concurso edificante."[6]

Isto posto, nada mais justo do que o livre-arbítrio concedido a todas as criaturas. Por ele, o caminho da felicidade e as condições são as mesmas para atingi-la. A Lei de Deus está gravada nas consciências, e é ensinada a todos, independente de crença. "*Deus fez da felicidade o*

---

[6] XAVIER, Francisco Cândido, pelo espírito Emmanuel. *Caminho, verdade e vida*, lição, 175.

prêmio do trabalho e não do favoritismo, para que cada qual tivesse seu mérito. Todos somos livres no trabalho do próprio progresso, e o que muito e depressa trabalha, mais cedo recebe a recompensa. O romeiro que se desgarra, ou em caminho perde tempo, retarda a marcha e não pode queixar-se senão de si mesmo. O bem como o mal são voluntários e facultativos: livre, o homem não é fatalmente impelido para um nem para outro."[7]

---

[7]   KARDEC, Allan. *O Céu e o Inferno*, cap. VII, item 32.

Princípios básicos do código penal dos espíritos

33.º – "Em que pese a diversidade de gêneros e graus de sofrimentos dos espíritos imperfeitos, o código penal da vida futura pode resumir-se nestes três princípios: (...)".

ATÉ AQUI ANALISAMOS OS ENSAIOS realizados por Kardec, enfeixados com o nome de *o Código penal da vida futura*. Trata-se de reflexões lógicas e racionais a respeito das consequências da atuação do espírito, deduzidas de observações tomadas sobre os fatos. Deste exame, Kardec estabeleceu algumas leis. Nós, por motivos já expostos na introdução, denominamos esta obra de **O código penal dos espíritos – A justiça do tribunal da consciência**. Aqui trazemos nossas ponderações sobre o tema, comparando-o, em alguns momentos, com o Código Penal da vida terrena. Em que pesem ao gênero ou ao grau de sofrimento dos espíritos imperfeitos, em jornada de aprendizagem rumo à perfeição relativa, o codificador, neste final, resumiu o seu código penal, em apenas três princípios:

1º princípio – O sofrimento é inerente à imperfeição.

Sendo criados simples e ignorantes, isto é, sem conhecimentos e nem consciência do bem e do mal, os espíritos possuem, no entanto, em potência o gérmen da perfectibilidade. Nas fases iniciais da existência são inexperientes e, por essa razão, cometem erros. Por se afastarem do alinhamento com as Leis Divinas, sofrem as consequências. De início, em virtude da imaturidade as escolhas são frágeis, o espírito está sujeito a *equívocos*. Não existe punibilidade pelo erro, pois, sendo de livre escolha, ele é legítimo e trata-se de mecanismo de aprendizagem. "Ninguém será cobrado no Tribunal Celeste por seus erros. (...) Erros não condenam; muito pelo contrário, ajudam a estabelecer parâmetros para os limites e podem conduzir à bênção."[1] Quando se afronta a Lei Divina, o sofrimento só vai se aflorar, no momento do discernimento do ato praticado; enquanto não compreende, nada acontece. No entanto, cada um, a seu modo, e no tempo próprio de maturidade será "alertado" pelos mecanismos da Consciência.

O sofrimento – nas suas várias matizes como dor, angústia, ansiedade, desespero, doenças etc – não tem um fim em si mesmo, sendo sempre mecanismo educativo e provisório. Uma vez sanada a falha, a criatura volta ao equilíbrio. Em outras palavras: o ser aprende por si mesmo, evitando equívocos semelhantes em situação futura. Ensina o apóstolo Pedro que "Deus não faz acepção de pessoas."[2] Com isto entende-se que Suas Leis Cósmicas universais, escritas na consciência de cada um, são equânimes e imparciais, não privilegiando um, em detrimento do outro. Todos são criados iguais – independentes de crença, práticas e cerimoniais religiosos – e, partindo do mesmo ponto, têm a inteira liberdade de seguir ou infringir os ditames da lei; sendo, desta forma, árbitros de si mesmo. Assim, podemos ratificar o princípio de que o sofrimento é inerente

---

[1] BONDER, Nilton. *Código penal celeste*, p. 56.
[2] Atos, 10:34.

à imperfeição, mas, sempre proporcional ao entendimento de seu patamar evolutivo.

2º princípio – Toda imperfeição, assim como toda falta dela promanada, traz consigo o próprio castigo nas consequências naturais e inevitáveis: assim, a moléstia pune os excessos e da ociosidade nasce o tédio, sem que haja mister de uma condenação especial para cada falta ou indivíduo.

Toda falta cometida, por mínima que seja, em razão da imperfeição do espírito, acarreta consequências. Mas, vale novamente ratificar: sem qualquer sentido de *castigo* de Deus. Essa ideia de um Deus policial e vingativo é mera projeção do estágio de compreensão das criaturas. Somos nós mesmos os nossos acusadores e juízes, pelas Leis da Consciência. Saliente-se que a penalidade imposta pela justiça dos homens, não isenta o espírito da Justiça Divina, se o remorso ainda não lhe tocou o coração. Os mecanismos de aviso, quando ultrapassamos os limites da normalidade, são disparados, *alertam-nos* para a correção. Assim, a doença é anormalidade no curso da saúde, na grande maioria, em razão dos excessos praticados. Ensina Emmanuel que "O pensamento sombrio adoece o corpo são e agrava os males do corpo enfermo. Se não é aconselhável envenenar o aparelho fisiológico pela ingestão de substâncias que o aprisionem ao vício, é imperioso evitar os desregramentos da alma que lhe impõem desequilíbrios aviltantes, quais sejam aqueles hauridos nas decepções e nos dissabores que adotamos por flagelo constante no corpo íntimo."[3]

---

[3] XAVIER, Francisco Cândido, pelo espírito Emmanuel. *Pensamento e vida*, p. 129.

Da ociosidade nasce o tédio. Quando nada fazemos, entramos em congelamento da alma, com manifestação de emoções doentias que irão gerar, por consequência, estados enfermiços em seus vários gêneros, como tristeza, angústia, depressão..., pois, o trabalho é lei da vida. O espírito progride através do trabalho. Mas sendo livre, pode negligenciar o progresso, ou aproveitar suas bênçãos. Pela vontade pode acelerar ou retardar o crescimento espiritual e, por conseguinte, ser mais ou menos feliz. Só alcançam, todavia, a suprema felicidade aqueles que atingiram a condição de espíritos puros, por meio do progresso intelectual e moral. Daí a necessidade de várias existências físicas, uma só é insuficiente para que o espírito elimine todas as imperfeições e adquira a plenitude da felicidade.

Como o processo de crescimento e do despertar é sempre pessoal, com base no adiantamento de cada um, não existirão nunca regras fixas para o despertamento e retificação dos equívocos. Cada um, no tempo certo, e de maneira própria, acorda para a realidade, e parte para a mudança reabilitadora.

3º princípio – Podendo todo homem libertar-se das imperfeições por efeito da vontade, pode igualmente – anular os males consecutivos e assegurar a futura felicidade.

Por efeito da vontade o homem pode libertar-se, gradativamente, das imperfeições, anulando os males que são suas consequências e tornar-se tão feliz, quanto possível. Todos os espíritos, desde os primórdios foram dotados de instrumentos necessários para alcançarem a perfeição relativa e serem felizes. Estes recursos estão na dependência da evolução proporcional de cada ser; as criaturas podem fazer suas escolhas – certas ou erradas – facilitando ou dificultando o processo evolutivo. Se acertarem nas escolhas, avançam; se errarem, estacionam por um determinado tempo; uma vez detectado o engano, serão levadas pelo esforço próprio à mudança, cada qual a seu modo e a seu tempo. "A ciência de recomeçar é das mais nobres que nosso espírito pode aprender. São muito raros os que a compreendem nas esferas da crosta. Temos escassos exemplos nesse sentido. Paulo de Tarso (...) voltou, um dia, ao deserto, para recomeçar a experiência humana, como tecelão rústico e pobre."[4] Mudando-se, avança, por consequência, um degrau a mais na escala do crescimento, num processo sucessivo, até o alinhamento possível com as Leis Maiores... Vem a calhar o provérbio japonês, declarando – "Cair, sete vezes, levantar-se oito".

Desta forma, é que o espírito à medida que se desenvolve gradualmente, progride e alcança a plenitude da felicidade. Assim, antes de atingir essa posição passa por várias fases, usufruindo uma felicidade relativa ao seu adiantamento; todos os espíritos trazem consigo os elementos de uma felicidade relativa, em razão do estágio de seu grau evolutivo. Vai depender sempre dos valores espirituais alcançados e não do estado material do meio em que se encontra. A felicidade não depende do exterior, mas sim das condições íntimas que cada um atingiu na escala evolutiva; não importa o local, porque Deus, a suprema felicidade, está presente em todas as criaturas...

Numa palavra, todos nós, sem exceção estamos

---

[4]   XAVIER, Francisco Cândido, pelo espírito André Luiz. *Nosso Lar*, p. 139.

programados a sermos felizes e bons! Eis o que nos ensina o Espiritismo, graças às experiências mediúnicas efetuadas por Allan Kardec através de diversos médiuns desconhecidos entre si e procedentes de países diferentes...

Justiça Celeste x Justiça Humana

Julgamento	Código penal humano	Código penal dos espíritos
Questão do tempo	Tempo determinado: tabelas punitivas (dosimetria)	Sem regras absolutas: Tempo vinculado à maturidade espiritual
	Livramento condicional (Depois de cumprir 1/3 – 2/3 vai para rua)	Só pela reparação: pagar até o último ceitil.
	Progressão do regime de cumprimento de pena	Grau de consciência e real intenção
	Semiaberto – trabalha durante o dia e dorme à noite na prisão (art. 35, § 1º). O trabalho externo é admissível, bem como a	

Julgamento	Código penal humano	Código penal dos espíritos
	frequência a cursos supletivos e profissionalizantes, de instrução de 2º grau ou superior. **Regime aberto** — baseia-se na autodisciplina e senso de responsabilidade do condenado. **Art. 36, § 1º** — o condenado deverá, fora do estabelecimento e sem vigilância, trabalhar, frequentar curso ou exercer outra atividade autorizada, permanecendo recolhido durante o período noturno e nos dias de folga. **Diminuição da pena pelo trabalho** Cada 3 dias ganha-	**O sofrimento atenua pela sintonia com a Lei Divina**

208 | José Lázaro Boberg

Julgamento	Código penal humano	Código penal dos espíritos
	-se um (LEP art. 126 e § 1.º).	
	Exterior – Magistrado	Interior – Consciência
Extinção da punibilidade	Há prescrição do prazo O sujeito comete, por ex., um crime de furto simples que prescreve em oito anos. Ocorrida a prescrição, (que é causa extintiva de punibilidade) jamais o Estado pode processar o agente (porque prescreveu a pretensão punitiva)	Não há prescrição
Mudar a história do crime	Um advogado livra o réu de fato cometido Defensor externo	O espírito é o seu próprio advogado – Promotor e Juiz Defensor – a consciência

Julgamento	Código penal humano	Código penal dos espíritos
Crime por ação ou omissão	Punição externa	Não há punição de Deus: é a própria criatura.
Agravantes e atenuantes	Estabelecidas pelo Juiz, na aplicação da pena.	No foro íntimo de cada um: leva-se em conta se foi voluntário ou involuntário.
Prisão perpétua	Em certas legislações, sim.	Não existe prisão eterna.

Referências bibliográficas

BÍBLIA DE REFERÊNCIA THOMPSON. Trad. João Ferreira de Almeida. 2ª ed. São Paulo, Vida, 1992.

BOBERG, José Lázaro. *Nascer de novo para ser feliz.* 4ª ed. Capivari, EME, 2003.

_____. *Prontidão para mudança.* 2ª ed. Capivari, EME, 2006.

BONDER, Nílton. *Código penal celeste.* 4ª ed. Rio de Janeiro, Campus, 2004.

BRÓLIO, Roberto. *Doenças da alma.* São Paulo, FÉ, 1997.

CURTI, Rino. *Bem-aventuranças e parábolas.* 3ª ed. São Paulo, FEESP, 1982.

DENIS, Léon. *O problema do ser, do destino e da dor.* 10ª ed. Rio de Janeiro, FEB, 1988.

KARDEC, Allan. A *Gênese.* Trad. Victor Tollendal Pacheco. Apres. e notas J. Herculano Pires. 20ª ed. Araras, IDE Editora, 2001.

_____. *O Céu e o Inferno.* Trad. Manuel Quintão. 47ª ed. Rio de Janeiro, FEB, 2004.

_____. *O Céu e o Inferno.* Trad. João Teixeira de Paula. Intr. e notas J. Herculano Pires. 12ª ed. São Paulo, LAKE, 1990.

_____. *O Livro dos Espíritos.* Trad. J. Herculano Pires. 2ª ed. Capivari, EME, 1997.

MAIA NETO, Furtado & Lenchoff, Carlos. *Criminalidade, doutrina penal e filosofia espírita*. São Paulo, LAKE, 2005.

MOREIRA, Milton Medran. *Direito e justiça – um olhar espírita*. 1ª ed. Porto Alegre, Imprensa Livre, 2004.

PASTORINO, Carlos Torres. *Sabedoria do Evangelho*. 2º vol. Rio de Janeiro, Sabedoria, 1964.

PEREIRA, Yvonne A. Espíritos diversos. *Devassando o invisível*. 7ª ed. Rio de Janeiro: FEB, 1997.

PRADA, Irvênia. *A questão espiritual dos animais*. 3ª ed. São Paulo, FÉ, 2000.

RODRIGUES, Wallace Leal. *E, para o resto da vida...* 5ª ed. Matão, O Clarim: 2001.

XAVIER, Francisco Cândido. André Luiz (espírito). *Ação e reação*. 15ª ed. Rio de Janeiro, FEB, 1993.

_____. *E a vida continua...* 22ª ed. Rio de Janeiro, FEB, 1995.

_____. *Entre o céu e a Terra*. 10ª ed. Rio de Janeiro, FEB, 1984.

_____. *Nosso Lar*. 27ª ed. Rio de Janeiro, FEB, 1997.

XAVIER, Francisco Cândido. Emmanuel (espírito). *Caminho, verdade e vida*. 16ª ed. Rio de Janeiro, FEB, 1994.

_____. *Fonte viva*. 30ª ed. Rio de Janeiro, FEB, 1994.

_____. *Justiça divina*. 6ª ed. Rio de Janeiro, FEB, 1987.

_____. *Nós*. 3ª ed. São Paulo, CEU, 1987.

_____. *Pão nosso*. 16ª ed. Rio de Janeiro, FEB, 1994.

_____. *Palavras de vida eterna*. 20ª ed. Rio de Janeiro, FEB, 1995.

_____. *Pensamento e vida*. 9ª ed. Rio de Janeiro, FEB, 1991.

_____. *Vinha de luz*. 19ª ed. Rio de Janeiro, FEB, 2003.

XAVIER, Francisco Cândido. Irmão X (espírito). *Cartas e crônicas*. 7ª ed. Rio de Janeiro, FEB, 1998.

XAVIER, Francisco Cândido & VIEIRA, Waldo. André Luiz (espírito). *Evolução em dois mundos*. 13ª ed. Rio de Janeiro, FEB, 1993.

XAVIER, Francisco Cândido & VIEIRA, Waldo. Hilário Silva (espírito). *A vida escreve*. 5ª ed. Rio de Janeiro, FEB, 1986.

Do mesmo autor:

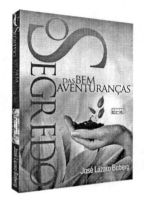

O segredo das bem-aventuranças
José Lázaro Boberg
• **Estudos e cursos** • 16x23 cm • 336 pp.

Quem não busca a paz e a felicidade? O autor procura mostrar, ao longo desta obra, que todos temos o potencial da perfeição permitida ao ser humano. Mostra o que devemos fazer em nossa jornada evolutiva, para merecer as bem-aventuranças prometidas por Jesus em seu célebre Sermão da Montanha, enfatizando com convicção que precisamos apenas colocar em prática as mudanças de atitude propostas pelo Mestre.

Aprendendo com Nosso Lar
José Lázaro Boberg
• **Doutrinário** • 14x21 cm • 200 pp.

A proposta do autor é que a obra de André Luiz seja estudada com atenção, para que se alcance todo o ensinamento que ela apresenta. A cada capítulo, destaca um detalhe da história e esclarece sobre assuntos de grande interesse para nos conhecermos mais e nos melhorarmos para a vida depois da morte.

Do mesmo autor:

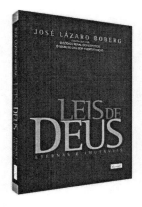

Leis de Deus - Eternas e imutáveis
José Lázaro Boberg
• Doutrinário • 16x23 cm • 272 pp.

A cada capítulo são analisadas questões intrigantes e muitas vezes polêmicas, como as características das leis de Deus, a origem e o conhecimento inato que os homens têm dessas leis, a definição de moral e a distinção entre bem e mal, além de uma abordagem objetiva sobre a justiça, o amor e a caridade.

A oração pode mudar sua vida
José Lázaro Boberg
• Doutrinário • 14x21 cm • 280 pp.

Será que a oração pode mesmo mudar minha vida? Mas como? Esses e outros questionamentos são esclarecidos minuciosamente pelo autor Boberg, que consegue nos explicar, de uma maneira simples, como a oração pode nos favorecer no trilhar do caminho sinuoso da vida terrena. A publicação nos ensina a diferença entre religião e religiosidade, a verdadeira interpretação da oração-modelo Pai Nosso, como também, o poder do pensamento positivo e a existência do Cristo Interior em cada um de nós. Sem dúvida alguma, uma obra esclarecedora e que acalenta nossos corações e nossas mentes.

Não encontrando os livros da EME na livraria de sua preferência, solicite o endereço de nosso distribuidor mais próximo de você através do Fone/Fax: (19) 3491-7000 / 3491-5449.
E-mail: vendas@editoraeme.com.br – Site:www.editoraeme.com.br